DÉMOLIR pour RECONSTRUIRE

BRIAN TESCAT

Titre : ***DÉMOLIR pour RECONSTRUIRE***

Auteur : **Brian TESCAT**
Mise en page et design : **KAROWZ**

ISBN : 9 782959 218859

Textes bibliques : d'après la version Louis Segond (LSG), version la plus utilisée, ainsi que d'autres versions, qui seront mentionnées dès leur utilisation.

Contacter : **Brian TESCAT**
Instagram : briantsct
Youtube : Brian TSCT
eMail : karowzdesign@gmail.com

SOMMAIRE

REMERCIEMENTS

Au Saint-Esprit, qui a inspiré chaque portion de ce livre. C'est par toi, cher Ami fidèle, que ces pages existent. Tu en es l'Écrivain.

À mon épouse Aude-Line. Ce livre, c'est aussi notre histoire, le fruit du parcours de notre couple. Je crois de tout mon cœur que Celui qui a commencé en nous une belle œuvre l'achèvera certainement. Je t'aime !

À mon église, Impact Centre Chrétien, dans laquelle le Seigneur m'a planté. Je rends grâce à Dieu pour les pères de la maison, Yvan et Yves Castanou, ainsi que pour leurs épouses Docteur Modestine et Pasteur Habi : merci d'être des exemples vivants de chantiers à la gloire de Dieu. Au Pasteur Freddy et Sita Koyamba, des instruments remplis d'amour.

Merci à ma famille, à mes parents et à ma belle-famille, pour leur présence constante tout au long de ce parcours.

Merci aux amis et compagnons d'armes et à toutes les personnes qui marchent à mes côtés, vous comptez tous !

Merci à mon Seigneur et Sauveur, Jésus. Sans ta patience envers moi, je ne serai pas là où je suis aujourd'hui.

Multiples actions de grâce !

Chapitre 1

Discerner la Saison

La vie n'est pas une ligne droite. Elle est faite de contrastes, de successions parfois brutales, parfois subtiles. Des sommets et des vallées. Des élans et des ralentissements. Des saisons de clarté et des saisons de brouillard. Des temps de force et des temps de faiblesse. Des moments de joie intense et de profonde lassitude. Des victoires et des défaites. Des conquêtes et des oppositions. Des progrès visibles et des stagnations frustrantes.

Chaque être humain à son parcours. Il ne s'agit pas de s'enfermer dans le regret ni de réduire son histoire à des échecs. La question essentielle est ailleurs : sais-tu discerner la saison que tu traverses ?

Le Temps Déterminé de Dieu

La Parole de Dieu nous rappelle que chaque réalité de la vie s'inscrit dans un temps précis, déterminé, mesuré.

Dans ce monde, il y a un temps pour tout et un moment pour chaque chose : Il y a un temps pour naître et un temps pour mourir, un temps pour planter et un temps pour arracher les plantes. Il y a un temps pour tuer et un temps pour guérir, un temps pour démolir et un temps pour construire. Il y a un temps pour pleurer et un temps pour rire, un temps pour les chants de deuil et un temps pour les danses joyeuses. Il y a un temps pour lancer des pierres et un temps pour les ramasser. Il y a un temps pour embrasser et un temps où il n'est pas bon de le faire. Il y a un temps pour chercher et un temps pour perdre, un temps pour garder et un temps pour jeter. Il y a un temps pour déchirer et un temps pour coudre, un temps pour se taire et un temps pour parler. Il y a un temps pour aimer et un temps pour détester, un temps pour la guerre et un temps pour la paix. Ecclésiaste 3.1-8

Ce texte ne nie ni la douleur, ni la perte, ni la difficulté. Il affirme simplement qu'aucune saison n'est éternelle. Ce qui était vrai hier ne l'est pas forcément aujourd'hui. Ce qui t'a limité peut devenir le point de départ d'une nouvelle saison.

Derrière cette réalité se cache une révélation puissante : Dieu est le Maître des saisons. Il n'est pas limité par le temps *(chronos),* Il le gouverne par son *temps (Kaïros = l'instant de Dieu)*. Chaque période, aussi difficile soit-elle, possède une limite inscrite dans Sa souveraineté, si nous savons la discerner.

Lorsque l'Ecclésiaste déclare qu'il y a un temps pour tout, il révèle que Dieu orchestre les séquences de nos vies selon une sagesse qui nous dépasse. Le temps pour pleurer prépare le temps pour rire. Le temps pour démolir ouvre la voie au temps pour construire. Cette perspective transforme ton rapport aux difficultés. Si tu comprends que la saison actuelle a une durée limitée, tu cesses de te comporter comme si elle était définitive. Tu arrêtes de bâtir ton identité sur une phase temporaire. Tu refuses de laisser une période de sécheresse définir ta destinée future.

En parcourant les Écritures, une chose devient évidente : Dieu aime déjouer les pronostics des trajectoires qui paraissent figées. Il bouleverse les schémas établis, renverse les verdicts humains, déjoue les plans familiaux, sociaux et territoriaux. Là où l'homme voit une impasse, Dieu ouvre une brèche. Là où tout semble verrouillé, Il crée un passage. Et ce qu'Il a fait pour eux, Il peut le faire pour encore aujourd'hui.

Voici, je vais faire une chose nouvelle, sur le point d'arriver : ne la connaîtrez-vous pas ? Je mettrai un chemin dans le désert, et des fleuves dans la solitude. Ésaïe 43.19

Ce verset ne parle pas d'amélioration progressive, mais d'intervention divine. Dieu ne répare pas l'ancien, Il crée du nouveau. Un chemin là où il n'y en avait pas. De l'eau vive dans ce qui était sec, stérile, abandonné. Cette promesse résonne pour ceux qui traversent un désert existentiel, qui marchent depuis trop longtemps dans la solitude spirituelle, émotionnelle ou relationnelle.

Le désert représente l'absence de ressources, l'isolement, la vulnérabilité. C'est le lieu où les repères disparaissent, où les provisions s'épuisent, où l'espoir vacille. Pourtant, c'est précisément là que Dieu aime manifester Sa capacité créatrice. Il ne cherche pas un terrain fertile pour démontrer Sa puissance — Il choisit le désert pour y faire jaillir des fleuves. Il ne se limite pas aux chemins existants, Il trace une route nouvelle là où personne n'imaginait qu'elle puisse exister.

Cette « *chose nouvelle* » dont parle Ésaïe n'est pas simplement un événement meilleur. C'est une réalité qualitativement différente, quelque chose qui n'existait pas auparavant dans ton expérience. Une opportunité que tu n'avais jamais envisagée. Une porte qui s'ouvre dans un mur que tu croyais infranchissable. Une connexion qui se forme contre toute attente. Une provision qui surgit d'une source inattendue.
Dieu demande : « *Ne la connaîtrez-vous pas ?* » Cette question interpelle ta capacité à reconnaître Son œuvre quand elle se manifeste. Combien de fois passes-tu à côté de Son intervention simplement parce qu'elle ne correspond pas à ce que tu attendais ? Combien de fois rejettes-tu la « *chose nouvelle* » parce qu'elle ne ressemble pas à l'ancienne bénédiction que tu essaies désespérément de reproduire ?

La Nouvelle Créature en Christ

Si quelqu'un est en Christ, il est une nouvelle créature. Les choses anciennes sont passées ; voici, toutes choses sont devenues nouvelles. 2 Corinthiens 5.17

Lorsque Paul parle de « *nouvelle créature* », il ne fait pas référence à une simple modification de comportement ou à une amélioration. Il annonce une véritable recréation, un changement profond de nature. L'ancien est passé : non pas effacé ou ignoré, mais privé de son pouvoir de nous définir. En Christ, ton passé ne disparaît pas de ta mémoire, mais il perd son autorité sur ton présent et son emprise sur ton futur. Les erreurs que tu as commises, les blessures que tu as subies, les échecs que tu as accumulés, les péchés dont tu t'es rendu coupable, tout cela est passé. Non pas minimisé, non pas excusé, mais englouti par une nouvelle identité qui prend racine dans l'œuvre de la Croix.

Cette nouvelle création touche toutes les dimensions de ton existence : tes pensées, tes émotions, tes relations, tes ambitions, tes réactions face aux difficultés. Toutes choses deviennent nouvelles parce que tu regardes désormais la réalité à travers l'image de ta nouvelle identité en Christ. Ce qui te paraissait insurmontable devient surmontable. Ce qui apparaissait comme une malédiction se révèle être une opportunité de démonstration de la grâce et de la miséricorde divine.

La Bible n'est pas un livre de souvenirs figés, mais un livre de possibilités vivantes. Tout ce qui y est écrit n'est pas une succession d'histoire pour nous donner des informations mais un potentiel accessible. Ce potentiel s'active par la foi, par la compréhension, par l'adhésion du cœur à ce que Dieu a fait, fait encore, et fera.

Trop souvent, nous réduisons les Écritures à un recueil de prescriptions morales ou à une collection de récits historiques édifiants. Nous lisons les histoires de délivrances miraculeuses, de transformations radicales, de provisions surnaturelles comme des événements révolus, appartenant à une époque révolue. Nous admirons la foi des patriarches sans réaliser que le même Dieu qui a agi pour eux désire agir pour nous.

La Parole de Dieu n'est pas un musée spirituel où l'on contemple les merveilles du passé. C'est un arsenal vivant où chaque promesse demeure active, chaque principe reste opérationnel, chaque témoignage préfigure ce que Dieu peut encore accomplir. Lorsque Dieu a ouvert la mer Rouge devant Israël, ce n'est pas simplement un exploit passé ; nous découvrons un Dieu qui ouvre toujours un passage quand Son peuple se trouve acculé. Quand tu médites sur la guérison des lépreux par Jésus, tu ne consultes pas un dossier médical; tu rencontres un Sauveur qui continue de guérir et de restaurer ce que la maladie a détruit.

Ce potentiel s'active lorsque ton cœur entre en accord avec la révélation de la Parole. La foi n'est pas une force magique qui contraint Dieu à agir selon nos désirs. C'est plutôt une adhésion profonde à ce que Dieu a déjà déclaré, une confiance qui aligne nos attentes sur Ses promesses, une conviction qui refuse de se laisser intimider par les apparences contraires.

La Pensée de l'Éternité

Peu importe comment ta vie s'est déroulée jusqu'ici. Peu importe les détours, les arrêts forcés, les erreurs, les pertes, les retards, ou même les succès, les victoires et les acquis. Ce qui compte, c'est que Dieu te rencontre maintenant, ici, dans ces lignes, dans ton quotidien. Car ce jour peut marquer l'ouverture d'une nouvelle saison.

Il fait toute chose belle en son temps, même il a mis dans leur cœur la pensée de l'éternité, bien que l'homme ne puisse pas saisir l'œuvre que Dieu fait, du commencement jusqu'à la fin. Ecclésiaste 3.11

Dieu travaille souvent au-delà de notre compréhension humaine. Nous ne voyons qu'un fragment, Il voit l'ensemble. Nous jugeons une période comme un échec, Lui la façonne comme une préparation. Cette tension entre notre perception limitée et l'œuvre globale de Dieu explique pourquoi tant de saisons de nos vies nous paraissent dénuées de sens, incompréhensible sur le moment.

L'expression « *la pensée de l'éternité* » révèle quelque chose de profond sur notre nature humaine. Dieu a placé en nous une conscience qui dépasse le simple instant présent. Nous portons en nous une capacité à percevoir que notre vie s'inscrit dans quelque chose de plus vaste, de plus durable, de plus significatif que la succession des jours.

Quand tu traverses une saison difficile, cette pensée de l'éternité te rappelle que Dieu n'a pas terminé Son œuvre. Quand tu te sens coincé dans une situation qui semble ne jamais évoluer, cette conscience de l'éternité te chuchote que les limites actuelles ne sont pas définitives. Quand ton environnement te renvoie un verdict négatif, cette dimension éternelle plantée en toi résiste au découragement et maintient l'espérance.

Des Destinées Bouleversées

C'est dans cet état d'esprit que nous verrons dans les chapitres qui suivent comment Dieu a bouleversé des destinées humaines. Comment Il a relancé la vie de Pierre après son reniement catastrophique. Comment Il a restauré Job au-delà même de ce qu'il avait perdu. Comment Il a retourné les verdicts qui pesaient sur Jacob le manipulateur et sur Daniel le déporté. Comment Il a transformé Saul de Tarse, persécuteur haïssable, en apôtre fondateur du christianisme. Comment une femme méprisée comme Ruth est devenue une aïeule du Messie.

Ces récits sont des prophéties vivantes qui annoncent ce que Dieu peut encore faire. Chacune de ces histoires crie la même vérité : rien n'est irréversible dans les mains de Dieu. Aucun échec n'est assez profond, aucune chute n'est assez grave, aucune réputation n'est assez ternie, aucune situation n'est assez compromise pour échapper à la capacité rédemptrice de Dieu.

Pierre, après avoir trahi son Maître publiquement, aurait pu vivre le reste de ses jours dans la honte et le regret. Mais Dieu n'a pas seulement pardonné son échec ; Il l'a repositionné à l'avant-garde du mouvement qui allait transformer le monde. Job, après avoir tout perdu et être passé par les accusations de ses amis, aurait pu terminer sa vie dans l'amertume. Mais Dieu a non seulement restauré ce qu'il avait perdu ; Il lui a donné le double et a fait de son témoignage un pilier de la foi pour les siècles à venir.

Ces transformations ne se sont pas produites par hasard. Elles ne sont pas le résultat d'un coup de chance ou d'un concours de circonstances favorables. Elles sont l'exécution délibérée du plan de Dieu, un plan conçu avant la fondation du monde, un plan qui ne se laisse jamais dérailler par nos défaillances humaines.

Ce message est simple, mais radical : Dieu est capable de réécrire une histoire, quel que soit son état actuel. Rien n'est trop brisé, trop tard ou trop compromis pour Celui qui fait toutes choses nouvelles.

Peut-être que tu traverses aujourd'hui une saison que tu n'as pas choisie. Un chapitre que tu voudrais refermer au plus vite. Peut-être que tes rêves se sont heurtés à des murs, que les portes se sont fermées une à une, que les promesses semblent s'être envolées. Peut-être que tu portes encore le poids de tes erreurs ou les cicatrices laissées par d'autres. Quelle que soit ta situation, le Dieu qui fait toutes choses nouvelles n'a pas changé. Sa capacité à briser les cycles destructeurs demeure intacte. Son désir de manifester Son plan pour ta vie reste aussi ardent qu'au premier jour. Son engagement à rendre beau ce qui semble laid, à restaurer ce qui paraît perdu, à faire fleurir ce qui semblait stérile tout cela tient toujours.

Discerner la saison, c'est d'abord reconnaître que celle-ci a une fin. C'est ensuite comprendre que Dieu travaille même dans les saisons qui nous échappent. C'est enfin s'ouvrir à l'idée que la prochaine saison peut être radicalement différente de tout ce que tu as connu jusqu'ici.

Le plan de Dieu pour toi n'est pas en attente. Il est en cours d'exécution. Même quand tu ne vois rien bouger, Dieu prépare les éléments en coulisse. Même quand tout semble stagner, Il positionne les pièces de ton avenir. Même quand le désert s'étend à perte de vue, Il trace déjà le chemin qui y apparaîtra bientôt.

Car je connais les projets que j'ai formés sur vous, dit l'Éternel, projets de paix et non de malheur, afin de vous donner un avenir et de l'espérance. Jérémie 29.11

Ces projets ne dépendent pas de ta perfection ni de ton mérite. Ils précèdent tes erreurs et survivent à tes échecs. Ils ont été formés avant cette saison difficile et continueront bien au-delà d'elle. Mais ils requièrent ton obéissance et ta coopération. La question n'est donc pas de savoir si Dieu a un plan pour toi — Il en a un. La question n'est pas de savoir si le plan est bon — il l'est. La vraie question est : discernes-tu assez clairement cette saison pour collaborer avec ce que Dieu fait ?

Aujourd'hui marque peut-être le début d'une nouvelle saison. Non pas parce que tout a changé du jour au lendemain, mais parce que tes yeux s'ouvrent sur la réalité spirituelle. Parce que ton cœur commence à entendre ce que Dieu déclare sur ton avenir plutôt que ce que le passé crie sur tes erreurs. Dieu n'a pas fini d'écrire ton histoire. Le chapitre actuel, aussi sombre soit-il, n'est pas le dernier. Et le Dieu qui a fait toutes choses nouvelles en Christ continue encore aujourd'hui de transformer les vies, de renverser les verdicts, d'ouvrir les chemins et de faire jaillir des fleuves dans le désert.

Chapitre 2

Le regard du Bâtisseur

Lorsque nous lisons les Écritures, il ne s'agit pas seulement de comprendre ce qu'elles disent, mais de discerner comment Dieu nous voit au travers ces histoires. Tant que l'homme s'observe à travers ses blessures, ses échecs ou même ses réussites, sa compréhension reste partielle. La Parole nous invite à entrer dans la pensée de Dieu.

La Bible opère sur deux dimensions complémentaires. D'un côté, il y a le *Logos* - la Parole écrite, le texte stable et objectif. De l'autre, il y a le *Rhema* - la Parole vivante que l'Esprit révèle et qui touche le cœur au moment précis où on en a besoin.

Ces deux dimensions ne s'opposent pas, l'une a besoin de l'autre. Car comme Paul l'a dit, la lettre sans l'Esprit est morte, c'est l'Esprit qui vivifie *(2 Corinthiens 3.6)*. Le *Logos* reste lettre morte tant que l'Esprit ne le fait pas jaillir en *Rhema*.

C'est quand on se place devant la Parole écrite avec foi et ouverture que l'Esprit la rend vivante, personnelle, active. Avant de chercher ce que Dieu fera, il faut saisir d'abord ce qu'Il dit.

Ce que le Logos déclare à notre sujet

Car nous sommes ouvriers avec Dieu. Vous êtes le champ de Dieu, ***l'édifice de Dieu****. 1 Corinthiens 3.9*
Car ***nous sommes son ouvrage****, ayant été créés en Jésus-Christ pour de bonnes œuvres, que Dieu a préparées d'avance, afin que nous les pratiquions. Éphésiens 2.10*

Sachez que l'Éternel est Dieu ! ***C'est lui qui nous a faits, et nous lui appartenons*** *; nous sommes son peuple, et le troupeau de son pâturage.*
Psaume 100.3

Je suis persuadé que celui qui a commencé en vous cette bonne œuvre ***la rendra parfaite*** *pour le jour de Jésus-Christ. Philippiens 1.6*

Vous-mêmes, comme des ***pierres vivantes****, édifiez-vous pour former* ***une maison spirituelle****, un saint sacerdoce, afin d'offrir des sacrifices spirituels, agréables à Dieu par Jésus-Christ. 1 Pierre 2.5*

Ne savez-vous pas ***que vous êtes le temple de Dieu, et que l'Esprit de Dieu habite en vous*** *?*
1 Corinthiens 3.16

Ainsi donc, vous n'êtes plus des étrangers ni des gens du dehors; mais vous êtes concitoyens des saints, gens de la maison de Dieu. Vous avez été ***édifiés sur le fondement des apôtres et des prophètes, Jésus-Christ lui-même étant la pierre angulaire. En lui tout l'édifice****, bien coordonné, s'élève pour* ***être un temple saint*** *dans le Seigneur. Éphésiens 2.19-22*

Ces textes posent une vérité simple mais profonde : tu es un ouvrage, un édifice, une habitation. Pas seulement un corps mais une construction spirituelle en cours. Et toute construction pose une question : qui est le bâtisseur ? Parce qu'un bâtiment ne se construit jamais seul. Il porte toujours la marque de celui qui l'a pensé, dirigé et élevé pierre après pierre.

Un édifice ne se conçoit pas lui-même. Il ne dessine pas son plan, ne choisit pas ses fondations, ne décide pas de sa finalité. C'est toujours celui qui conçoit le bâtiment qui sait exactement quel type de fondation il lui faut. Personne ne pose des bases au hasard. C'est parce qu'il y a un créateur que l'on sait ce dont le bâtiment a besoin et comment il sera construit. Et c'est là que l'image devient parlante : nous venons tous d'un parcours différent. Une histoire, une famille, un environnement, des expériences. Nous n'arrivons pas avec le même « terrain » spirituel.

En construction, chaque bâtiment a son sol. Certains terrains sont argileux, d'autres sablonneux, d'autres rocheux. Aucun n'est mauvais en soi, mais chacun exige une fondation adaptée. Un sol argileux demande de la profondeur pour contrer son instabilité. Un sol sablonneux exige une assise élargie pour compenser sa friabilité. Un sol rocheux, bien que ferme, nécessite un ancrage précis. On ne construit pas de la même manière sur de l'argile que sur du roc.

De la même façon, le Bâtisseur par excellence sait exactement sur quel type de "sol" tu te tiens. Il connaît tes fragilités, tes résistances, tes profondeurs. Il sait quels points doivent être renforcés, parfois creusés davantage, avant même que les murs ne soient élevés. Il n'applique pas la même méthode à tous. Il évalue le terrain intérieur, identifie les failles, les zones fragiles, les endroits où les racines du passé ont fragilisé la structure.

Rien n'est laissé au hasard. Avant d'exposer ce qui se voit, Dieu travaille d'abord sur ce qui soutient. Avant de bâtir en toi, Il fonde. Et cette fondation, aussi invisible soit-elle, déterminera la solidité de tout ce qui s'élèvera. La vraie question n'est donc pas « Suis-je imparfait ? », mais plutôt: *« Qui est en train de me bâtir, et selon quel plan ? »*

Instruire l'Enfant

La Bible nous appelle clairement à honorer nos parents.

Afin que tu sois heureux et que tu vives longtemps sur la terre. Éphésiens 6.3 S21

Mais honorer ne veut pas dire confier la conception de notre destinée. Nulle part la Parole ne nous demande de laisser des hommes — parents, figures d'autorités ou responsables — bâtir nos vies selon leurs propres modèles. Dieu leur confie un rôle de gestion : l'éducation, l'accompagnement, la protection, la transmission. Leur rôle est réel et précieux, mais il a des limites. Ils peuvent guider, avertir, soutenir, mais le plan ne leur appartient pas. Ils sont des gestionnaires, pas des propriétaires. Des canaux, pas des architectes. Des instruments entre les mains du véritable Bâtisseur, pas les auteurs du projet.

Et cette distinction est essentielle. Parce que la réalité est parfois douloureuse : certains parents, aussi sincères soient-ils, n'ont pas reçu eux-mêmes le plan de Dieu pour bâtir. Sans le vouloir, sans même s'en rendre compte, ils peuvent reproduire chez leurs enfants les mêmes schémas fragiles, les mêmes fissures., les mêmes erreurs de constructions Ce qui n'a pas été solidifié en eux se retrouve fragilisé chez ceux qu'ils élèvent. Voilà pourquoi il est essentiel de reconnaître Dieu comme le seul et véritable Bâtisseur. Les parents ont un rôle important, oui. Mais c'est Dieu qui tient les plans. Honorer, c'est respecter le rôle.

Instruis l'enfant selon la voie qu'il doit suivre ; Et quand il sera vieux, il ne s'en détournera pas. Proverbes 22.6

Jésus lui-même, à l'âge de 12 ans, avait pleinement conscience que Dieu était le Bâtisseur de sa vie. Quand ses parents le retrouvent au temple, sa réponse est sans équivoque : *« Ne saviez-vous pas qu'il faut que je m'occupe des affaires de mon Père ? » (Luc 2.49).* Il sait qui Il est. Il sait à qui Il appartient. Il connaît le plan.

Et pourtant, juste après cette déclaration puissante, l'Écriture précise : *« Puis il descendit avec eux pour aller à Nazareth, et il leur était soumis » (Luc 2.51).* Il leur était soumis. Pas parce qu'ils étaient les architectes de sa destinée, mais parce qu'ils étaient les canaux que Dieu avait choisis pour l'accompagner dans sa croissance.

Cette soumission était une posture de sagesse. Jésus savait faire la distinction entre reconnaître l'autorité de Dieu sur sa vie et respecter les instruments que Dieu avait placés autour de Lui. Et voilà ce qui suit : *« Cependant l'enfant croissait et se fortifiait. Il était rempli de sagesse, et la grâce de Dieu était sur lui » (Luc 2.40).* Puis, quelques versets plus loin : « *Et Jésus croissait en sagesse, en stature, et en grâce, devant Dieu et devant les hommes* » (Luc 2.52).

Par deux fois, l'Écriture insiste : Il croissait. Pas malgré la soumission, mais à travers elle. Parce que cette soumission était inscrite dans le plan divin. Marie et Joseph accomplissaient leur rôle, et le Bâtisseur continuait Son œuvre. Ils n'ont pas façonné Jésus selon leur propre vision. Ils L'ont accompagné selon le dessein de Dieu. Et c'est dans cet équilibre que la croissance s'est opérée, passant de « *l'enfant croissait* » à « *Jésus croissait* ». Un véritable bâtisseur spirituel reconnaît qu'il ne peut bâtir par lui-même. Pourquoi ? Parce que le plan final appartient toujours à Dieu.

Comment Cela Se Fera-t-il ?

La parole de l'Éternel fut adressée à Jérémie une seconde fois, en ces mots, pendant qu'il était encore enfermé dans la cour de la prison : Ainsi parle l'Éternel, qui fait ces choses, L'Éternel, qui les conçoit et les exécute, Lui, dont le nom est l'Éternel Jérémie 33.1-2

Dieu se présente ici comme Celui qui fait, conçoit et exécute. Ces trois dimensions forment le socle de la construction d'une nouvelle vie.

1 — Faire : restaurer la forme originelle

Le mot hébreu traduit par « faire » est *'Asah*. Il signifie : fabriquer, façonner, œuvrer, entreprendre, apprêter. Dieu ne se contente pas d'intervenir superficiellement. Il façonne, Il retravaille, Il reforme selon un modèle précis, révélé dès la Genèse.

Puis Dieu dit : Faisons l'homme à notre image, selon notre ressemblance [...] Dieu créa l'homme à son image, il le créa à l'image de Dieu, il créa l'homme et la femme. Genèse 1.26-27

Dieu ne bâtit jamais en dehors de ces deux standards : l'image et la ressemblance. Lorsqu'un édifice est construit hors du plan initial, il devient instable, vulnérable et exposé à l'effondrement.

Car, lequel de vous, s'il veut bâtir une tour, ne s'assied d'abord pour calculer la dépense et voir s'il a de quoi la terminer, de peur qu'après avoir posé les fondements, il ne puisse l'achever, et que tous ceux qui le verront ne se mettent à le railler.
Luc 14.28-29

L'image concerne le caractère, l'identité, la nature. La ressemblance touche à la manière d'agir, de penser, d'aimer. Le modèle c'est Christ.

2 — Concevoir : Donner une trajectoire

Le mot hébreu *Yatsar* signifie : structurer, façonner, œuvre du potier, prédestination. Concevoir, ce n'est pas seulement créer, c'est créer avec une intention claire.

Nous savons, du reste, que toutes choses concourent au bien de ceux qui aiment Dieu, de ceux qui sont appelés selon son dessein. Car ceux qu'il a connus d'avance, il les a aussi prédestinés à être semblables à l'image de son Fils, afin que son Fils fût le premier-né entre plusieurs frères. Et ceux qu'il a prédestinés, il les a aussi appelés ; et ceux qu'il a appelés, il les a aussi justifiés ; et ceux qu'il a justifiés, il les a aussi glorifiés. Romains 8.28-30

Dieu ne crée rien sans but. « *L'Eternel a tout fait pour un but » (Proverbes 16.4)*. Chaque création porte en elle une intention précise, pensée, voulue. Et ce but n'est pas flou : il révèle une trajectoire, une direction claire donnée à ta vie. Cette trajectoire ne s'improvise pas. Elle se déploie pas à pas, étape après étape. Elle te conduit quelque part. Vers une destination ultime, inscrite dès le départ dans le plan du Bâtisseur.

C'est là que tout converge. Chaque expérience, chaque saison, chaque épreuve, chaque victoire : tout est orienté vers cette transformation. Dieu ne bâtit pas ta vie au hasard. Il construit avec un modèle en tête. Et ce modèle, c'est Christ.

3 — Exécuter : Établir solidement l'édifice

Le mot hébreu *Kuwn* signifie : être ferme, stable, établi, fixé avec sûreté. Il implique aussi l'idée d'être dirigé, ordonné, restauré, constitué. Dieu ne se contente pas de concevoir. Il amène l'ouvrage à maturité.

Le verbe « exécuter » dans *Jérémie 33.2* révèle une dimension fondamentale de la nature divine : Dieu n'est pas seulement Créateur, Il est aussi l'Exécuteur fidèle de Ses propres desseins. Ce qu'Il conçoit dans les lieux célestes, Il le manifeste dans ta vie terrestre.

Être Affermi : L'Œuvre de Consolidation Divine

« Ton Dieu ordonne que tu sois puissant ; Affermis, ô Dieu, ce que tu as fait pour nous ! Psaumes 68.28

Lorsque Dieu affermit, Il consolide ce qu'Il a déjà commencé. Ce n'est pas une intervention ponctuelle, mais un processus continu par lequel Il fortifie les fondations posées dans ta vie. Comme un potier qui façonne son argile puis la place dans le four pour qu'elle devienne solide et durable, Dieu te fait passer par des saisons qui transforment ta fragilité en force.

Cette œuvre d'affermissement témoigne de Sa fidélité. Dieu ne t'abandonne pas à mi-chemin ; ce qu'Il initie, Il le perfectionne. Il ordonne ta puissance non selon tes capacités naturelles, mais selon Son dessein éternel. Dans les moments où tu vacilles, où tes genoux fléchissent sous le poids des épreuves, c'est précisément là que Dieu exerce Son pouvoir d'affermissement. Il n'encourage pas de loin, Il intervient activement pour te rendre inébranlable dans ton appel.

L'affermissement divin touche toutes les dimensions de ton être : ta foi, ton caractère, ta vision, ton identité. Dieu transforme tes incertitudes en convictions, tes faiblesses en témoignages de Sa grâce. Ce que tu pensais temporaire, Il le rend permanent. Ce que tu croyais fragile, Il le rend résistant.

Être Stable : L'Œuvre d'Ancrage Profond

C'est pourquoi, quiconque entend ces paroles que je dis et les met en pratique, sera semblable à un homme prudent qui a bâti sa maison sur le roc. La pluie est tombée, les torrents sont venus, les vents ont soufflé et se sont jetés contre cette maison : elle n'est point tombée, parce qu'elle était fondée sur le roc. Matthieu 7.24-25

La stabilité que Dieu construit en toi n'est pas l'absence de tempêtes, mais la capacité de rester debout lorsqu'elles surviennent. Dieu, dans Son plan céleste, a prévu non seulement ta destinée, mais aussi les fondations nécessaires pour y parvenir. Il t'ancre sur le Roc qui est Christ, sachant que les vents contraires viendront inévitablement.

Cette œuvre de stabilisation révèle Sa sagesse. Dieu ne te protège pas de toutes les difficultés, Il te prépare à les traverser victorieusement. Comme un arbre dont les racines plongent profondément dans la terre avant que le tronc ne s'élève vers le ciel, Dieu creuse en toi des fondations invisibles mais essentielles. Ces racines spirituelles — la prière, la méditation de Sa Parole, l'obéissance à Ses commandements — deviennent ton système d'ancrage. Ce sont des points de contrôle antisismiques, indispensables pour rester solide et tenir ferme, quoi qu'il arrive.

Parlons d'abord de **la prière**. Pas seulement la prière du matin, encore moins de celle qu'on récite machinalement. La prière dans toutes ses dimensions. Il y a la prière d'adoration, où tu prends le temps de dire à Dieu qui Il est, sans rien demander, juste pour le contempler. La prière de confession, où tu viens honnêtement avec tes manquements. La prière d'intercession, où tu portes les autres devant Dieu. La prière de supplication, où tu présentes tes besoins. Et même la prière silencieuse, où tu te tiens simplement en Sa présence, sans mots. Toutes ces dimensions t'ancrent et te connectent à la source de ta force. Les prières d'ensemble, avec les frères et les sœurs, avec ton église.

Ensuite, **la méditation de la Parole**. Méditer, ce n'est pas lire rapidement quelques versets pour cocher une case. C'est ruminer, mâcher, digérer la Parole de

Dieu. C'est prendre un passage et le retourner dans ton esprit, le laisser te questionner, te transformer. C'est lire lentement, réfléchir profondément, laisser les mots pénétrer ton cœur. Elle te connaît mieux que tu ne te connais toi-même. La méditer, c'est permettre à Dieu de te parler, de te façonner.

Et puis **l'obéissance, l'application concrète de Ses commandements**. Parce que toute la prière et toute la méditation du monde ne servent à rien si tu ne mets pas en pratique ce que tu apprends. Jacques le dit clairement : ne soyez pas seulement des auditeurs de la Parole, mais des pratiquants. L'obéissance, c'est là où la foi devient réelle, tangible, visible.

Ces trois éléments — la prière riche et variée, la méditation profonde de la Parole, l'obéissance fidèle — forment ensemble un système d'ancrage complet. Comme des points de contrôle antisismiques dans les bâtiments modernes. Mais voilà la chose cruciale : si un seul de ces points est défaillant, toute la construction risque de s'effondrer. Tu ne peux pas compenser une vie de prière inexistante par une connaissance biblique exceptionnelle. Tu ne peux pas remplacer l'obéissance par de belles prières éloquentes. Les trois piliers sont nécessaires. Ils travaillent ensemble, se renforcent mutuellement.

Et j'ouvre une parenthèse importante ici : ces trois piliers, ce sont les fondations que tu dois vivre dès le début de ta conversion. Dès les premiers jours. Parce que voilà la réalité : ce que tu fais tôt, tu le feras jusqu'au bout. Les habitudes spirituelles que tu prends au début de ta marche avec Christ, ce sont celles qui t'accompagneront toute ta vie.

Donner envie à quelqu'un de prier alors que cela fait dix ans qu'il est converti mais qu'il n'a jamais vraiment prié, ce n'est pas impossible. Dieu peut tout. Mais cela nécessitera une déconstruction d'un mauvais fondement. Il faudra défaire des années d'habitudes, casser des schémas bien ancrés, reconstruire depuis la base. C'est possible, mais c'est tellement plus difficile, tellement plus douloureux que de bien commencer dès le départ.

C'est pour ça qu'il est vital d'établir ces trois piliers dès ta conversion. Ne pas attendre d'être "plus mûr spirituellement" pour commencer à prier vraiment. Ne pas reporter la méditation de la Parole à "quand j'aurai plus de temps". Ne pas négocier avec l'obéissance en te disant "je verrai ça plus tard". Non. Dès maintenant. Dès le début. Parce que c'est sur ces fondations que toute ta vie spirituelle va se construire.

Quand la terre tremble, quand les tempêtes arrivent, quand tout semble s'effondrer, ces racines spirituelles te maintiennent debout. Pas parce que tu es fort, mais parce que tu es profondément enraciné en Lui. C'est ça, la vie chrétienne authentique. Pas superficielle, pas occasionnelle, mais profondément enracinée. Et ces racines, il faut les cultiver quotidiennement, patiemment, avec persévérance — dès le premier jour.

Le Seigneur prend plaisir à cette construction méthodique. Il sait que la véritable grandeur ne se mesure pas à la hauteur visible, mais à la profondeur invisible. Chaque épreuve surmontée devient une couche supplémentaire de stabilité. Chaque tentation résistée renforce ta fondation. Dieu exécute ainsi Son plan : non par des raccourcis spectaculaires, mais par un travail progressif et solide qui garantit ta tenue dans les jours d'adversité.

Être Établi : L'Œuvre d'Investiture

Regarde, je t'établis aujourd'hui sur les nations et sur les royaumes, pour que tu arraches et que tu abattes, pour que tu ruines et que tu détruises, pour que tu bâtisses et que tu plantes. Jérémie 1.10

Quand Dieu établit, Il confère une position et une autorité qui dépassent nos qualifications humaines. Cette parole à Jérémie illustre le plan divin : Dieu place Ses serviteurs dans des sphères d'influence qui dépassent leur expérience, leur genre ou encore leur âge. Dieu n'attend pas que nous soyons prêts selon nos propres critères, il nous rend capable au moment même où Dieu nous positionne.

Cette œuvre révèle que Dieu a déjà préparé en avance la mission qu'Il te confie sur terre. Avant que Jérémie ne soit formé dans le ventre de sa mère, Dieu l'avait déjà consacré prophète. De même, avant la fondation du monde, Dieu a conçu le rôle que tu dois avoir dans Son royaume, la partition exacte que tu dois jouer. Cette étape démontre Sa souveraineté. Il ne demande pas la permission aux circonstances pour te placer, Il crée les opportunités nécessaires. Il ne se laisse pas intimider par notre jeunesse, notre inexpérience ou nos défauts, Il les engloutit dans Son autorité. Être établi par Dieu signifie recevoir un mandat qui porte la signature du Créateur, une légitimité qui ne dépend pas de la reconnaissance humaine mais de la validation céleste. Cette investiture comporte une double dimension : détruire ce qui doit l'être et bâtir ce qui doit venir.

Être Conduit : L'Œuvre de Direction et d'Instruction

Ainsi parle l'Éternel, ton rédempteur, le Saint d'Israël : Moi, l'Éternel, ton Dieu, je t'instruis pour ton bien, Je te conduis dans la voie que tu dois suivre. Oh ! Si tu étais attentif à mes commandements ! Ton bien-être serait comme un fleuve, Et ton bonheur comme les flots de la mer. Ésaïe 48.17-18

La direction divine révèle la nature relationnelle du plan de Dieu. Il ne remet pas simplement une carte avec un itinéraire. Il marche avec nous, devant nous et en nous. Comme un berger qui connaît chaque recoin du territoire, Dieu guide avec une connaissance parfaite du chemin à emprunter.

Le Seigneur prend plaisir à nous conduire. Il voit ce qu'on ne peut pas voir, connaît ce qu'on ignore, anticipe ce qu'on ne soupçonne pas. Lorsqu'on résiste à Sa conduite, on se prive du fleuve de bien-être qu'Il a préparé. Mais lorsqu'on s'abandonne à Sa direction, on découvre que chaque tournant, même ceux qui semblaient des détours, faisait partie d'un tracé parfait conçu dans l'éternité, comme Moïse qui s'est détourné pour se rapprocher du buisson ardent *(Exode 3).*

Être conduit par Dieu signifie aussi être instruit par Lui. Sa Parole transforme tes erreurs en leçons, tes échecs en tremplins, tes questions en révélations. Il ne t'abandonne jamais dans la confusion, mais éclaire progressivement le chemin, jusqu'à parvenir à destination.

Être Restauré : L'Œuvre de Renouvellement et de Récupération

Il restaure mon âme, Il me conduit dans les sentiers de la justice, À cause de son nom. Psaumes 23.3

Alors que l'ennemi cherche à détruire, dérober et détruire, Dieu prend plaisir à restaurer, réparer et renouveler. Cette œuvre témoigne que rien n'est irrémédiablement perdu dans Ses mains.

Quand Dieu restaure ton âme, Il ne se limite pas à une simple réparation superficielle. Il plonge dans les profondeurs de ton être pour guérir les blessures cachées, ramasser les morceaux brisés de tes rêves, raviver les espoirs que tu avais abandonnés. La restauration divine est un retour à l'intention originelle de Dieu pour ta vie, avant que le péché, les déceptions ou les traumatismes ne t'en éloignent. Cette œuvre révèle la nature rédemptrice du plan divin : Dieu n'abandonne jamais Ses projets initiaux pour toi. Ce qu'Il avait conçu avant la fondation du monde demeure valable, même après tes chutes et tes échecs.

La restauration est l'exécution patiente de ce dessein éternel, malgré tes détours. Dieu reprend le fil là où tu l'avais perdu, non pour te condamner, mais pour te ramener sur les « *sentiers de la justice* ». Chaque vie restaurée devient un témoignage vivant de Sa miséricorde et de Sa puissance. Lorsque les gens te voient passer de la dépression à la joie, de la défaite à la victoire, de la stérilité à la fécondité, ils ne peuvent que reconnaître qu'un Dieu rédempteur est à l'œuvre.

La restauration divine ne te ramène pas à ton état initial, elle te propulse souvent vers une dimension supérieure. Comme Job qui reçut le double de ce qu'il avait perdu, la restauration de Dieu comporte fréquemment une multiplication. Ce qui était détruit devient plus fort. Ce qui était brisé devient plus beau. Les années dévorées sont restituées avec des intérêts.

Dans chacune de ces dimensions — être affermi, stable, établi, conduit et restauré — on découvre un Dieu à l'œuvre, actif et engagé dans l'accomplissement de Son plan au cœur de notre vie. Il ne fait pas que concevoir : Il réalise. Il ne se contente pas de dire : Il bâtit. Le plan de Dieu n'est pas un document théorique archivé dans les cieux. C'est un projet vivant, en cours d'exécution. Chaque jour, par Son Esprit, par Sa Parole, par les circonstances qu'Il orchestre et notre obéissance, Dieu travaille à manifester ce qu'Il a déjà décrété.

Ce livre n'a pas pour objectif de corriger quelques défauts visibles. Il invite à remettre l'ouvrage entre les mains du seul véritable Bâtisseur. Redémarrer ne signifie pas recommencer à zéro selon ses propres idées, mais repartir depuis le plan originel de Dieu. Lorsque Dieu conçoit et exécute, Il ne se presse pas, mais Il ne se trompe jamais. Et là où l'édifice a été fragilisé ou partiellement effondré, Il demeure capable de tout reprendre, de tout réaligner, et de tout rétablir.

Chapitre 3

Destruction-Construction

Si l'Éternel ne bâtit la maison, ceux qui la bâtissent travaillent en vain. Psaume 127.1

Si Dieu est le Bâtisseur, Il doit aussi être celui qui décide lorsqu'il faut détruire et tout recommencer. Dans toute œuvre de construction sérieuse, le bâtisseur ne se contente pas d'ériger. Il observe, teste, examine ce qui est invisible à l'œil nu. Il sonde les profondeurs, vérifie les fondations, évalue la solidité des structures porteuses. Et lorsqu'il découvre que certaines parties ne peuvent pas être réparées sans compromettre l'ensemble, il prend une décision : **démolir pour reconstruire.**

Il voit ce que nous ne voyons pas encore. Il discerne ce que nous choisissons parfois d'ignorer. Il repère les failles que nous dissimulons sous des couches de religiosité, de bonnes intentions ou même de réussites visibles.

Des Menaces Invisibles

Les défauts de construction cachés abritent des éléments pouvant nuire à l'édifice : la moisissure, les fissures structurelles, les défauts d'étanchéité ou d'isolation, les fondations instables. Chacune de ces petites choses, souvent invisibles au départ, cache un danger majeur. Elles ne sont jamais anodines. Leur présence n'est jamais accidentelle. Le risque est d'empêcher l'édifice d'atteindre son utilité, sa finalité.

La moisissure, par exemple, commence microscopiquement. Une infiltration d'eau à peine perceptible, une zone mal ventilée, un pont thermique négligé. Au début, rien de visible. Puis apparaît une petite tache sur le mur. On la repeint. Elle revient. On la cache à nouveau. Pendant ce temps, derrière la surface, des colonies entières de champignons dévorent la structure. Les poutres pourrissent silencieusement. L'air se charge de spores toxiques. Et un jour, ce qui semblait solide s'effondre.

Il en va de même dans nos vies. Un mensonge qu'on laisse s'installer. Une amertume qu'on refuse de traiter. Une idolâtrie qu'on tolère dans un coin sombre de notre cœur. Un orgueil qu'on baptise du nom de "confiance en soi". Ce sont autant de moisissures spirituelles qui, si elles ne sont pas radicalement éliminées, contamineront l'ensemble de notre être.

Derrière chaque malformation, chaque mauvaise construction, et surtout chaque mauvaise fondation, il y a un esprit qui s'y cache et qui doit être délogé. Et parfois, pour déloger ce qui est profondément installé, il faut tout casser.

Nous préférons parler de "schémas de pensée", de "conditionnements psychologiques", de "blessures émotionnelles". Toutes ces réalités existent, certes. Mais l'Écriture va plus loin. Elle nous révèle qu'il existe des puissances spirituelles qui exploitent nos failles, qui s'installent dans nos zones de compromis, qui établissent des forteresses dans les territoires non consacrés de nos vies. Paul l'exprime sans ambiguïté :

"Car nous n'avons pas à lutter contre la chair et le sang, mais contre les dominations, contre les autorités, contre les princes de ce monde de ténèbres, contre les esprits méchants dans les lieux célestes". Éphésiens 6.12

Ces puissances ne demeurent pas uniquement "là-haut", dans une sphère cosmique abstraite. Elles cherchent activement des points d'ancrage dans nos vies, des brèches par lesquelles s'infiltrer, des fondations défectueuses sur lesquelles bâtir leurs propres structures.

Un esprit de crainte peut s'installer à la suite d'un traumatisme. Un esprit de rejet peut s'ancrer dans une blessure d'enfance. Un esprit d'orgueil peut se cacher derrière une succession de réussites. Un esprit de religiosité peut se développer dans une église où la forme a remplacé la présence. Ces esprits ne disparaissent pas simplement parce qu'on a répété une prière de délivrance ou assisté à un séminaire. Ils sont logés dans les structures défectueuses de notre être. Et tant que ces structures restent en place, ils conservent leur lieu d'habitation.

Voilà pourquoi une simple "rénovation" ne suffit pas. On peut repeindre les murs, changer la décoration, réaménager les pièces, mais si la moisissure reste dans les murs, si les fondations demeurent fissurées, si les esprits qui y habitent ne sont pas délogés, l'édifice continuera à se dégrader de l'intérieur.

La Résistance Humaine à la Démolition

En tant qu'êtres humains, nous n'aimons pas cette perspective. Nous résistons à l'idée de devoir démolir pour reconstruire, parce que nous la percevons comme une perte d'années, une remise à zéro douloureuse, voire injuste. Nous avons investi tellement de temps, d'énergie, de ressources dans la construction de notre vie, de notre personnalité, de notre ministère, de notre carrière, de nos relations. L'idée que tout cela doive être démolit nous paralyse.

Nous nous accrochons à nos édifices imparfaits avec une ténacité désespérée. Nous les défendons, les justifions, les protégeons contre l'œuvre de Dieu. Nous argumentons : "Mais Seigneur, regarde tout ce que j'ai accompli pour toi ! Vois combien de personnes m'aiment, me suivent, bénéficient de mon ministère et ce que Tu fais dans ma vie ! Est-ce vraiment nécessaire de tout détruire ?"

Cette résistance révèle souvent que nous avons confondu l'échafaudage avec l'édifice final, notre gloire avec la gloire de Dieu. Nous nous sommes attachés émotionnellement à nos constructions au point de ne plus pouvoir imaginer qui nous serions sans elles. Notre identité s'est fondue avec nos accomplissements. Notre estime personnelle a fusionné avec notre performance.

Alors que la réalité est toute autre. Garder une mauvaise fondation ou une mauvaise construction n'annule pas seulement les années passées : cela condamne aussi les années à venir. Ce qui n'est pas corrigé aujourd'hui détruira demain. La fissure ignorée aujourd'hui provoquera l'effondrement de demain. L'esprit toléré aujourd'hui deviendra la forteresse imprenable de demain. Le compromis accepté aujourd'hui sera la chaîne qui nous entravera demain.

Sagesse ou Folie

La femme sage bâtit sa maison, et la femme insensée la renverse de ses propres mains. Proverbes 14.1

Il est important de comprendre que la sagesse de Dieu ne consiste pas simplement à bâtir, mais à bâtir juste. La folie, quant à elle, ne se manifeste pas toujours par des mauvaises actions, mais souvent par l'obstination à préserver ce qui devrait être détruit.

Ce proverbe nous présente deux femmes, deux bâtisseuses, deux approches de la construction. La femme sage regarde à long terme. Elle comprend que certains sacrifices présents sont nécessaires pour la stabilité future. Elle accepte de démolir aujourd'hui ce qui s'effondrerait de toute façon demain, mais dans des circonstances bien plus catastrophiques. Elle coopère avec le Maître Architecte, même quand Ses plans impliquent la déconstruction de ce qu'elle avait patiemment érigé.

La femme insensée, au contraire, détruit son propre édifice non par démolition volontaire, mais par entêtement aveugle. Elle refuse d'écouter les avertissements concernant les défauts de construction. Elle minimise les signes de détérioration. Elle s'accroche à ses mauvaises décisions par orgueil, par peur du changement, par refus d'admettre qu'elle s'est trompée. Et finalement, ses propres mains – ces mains qui auraient dû bâtir – deviennent les instruments de la destruction de sa maison.

Combien d'entre nous agissons comme cette femme insensée ? Nous voyons les signes, nous sentons que quelque chose ne va pas, nous entendons les avertissements de l'Esprit, mais nous choisissons de persévérer dans une mauvaise direction. Nous continuons à bâtir sur des fondations que nous savons défectueuses. Nous ajoutons étage sur étage à une structure déjà compromise. Nous investissons dans un édifice condamné.

Et puis, inévitablement, vient l'effondrement. Mais il aurait pu être évité si nous avions eu la sagesse d'accepter la démolition contrôlée plutôt que de subir l'effondrement incontrôlé.

J'ai toujours pensé que celui qui a bâti sa maison sur le sable l'a fait au vu et au su de tous. J'imagine que certains ont dû l'avertir, lui dire que ce n'était pas une bonne idée, qu'il valait mieux construire ailleurs, faire attention... Mais il était tellement convaincu — ou tellement "fou" — qu'il a continué, jusqu'à terminer sa maison et même en être satisfait. Et au fond, combien de fois avons-nous eu cette même attitude ?

Des Ennemis Infiltrés

Saviez-vous que les murs de Jéricho n'étaient pas seulement des murs, mais aussi des habitations ? Rahab, par exemple, avait sa maison directement dans les murailles de la ville. C'est par cette maison que les espions israélites sont entrés pour espionner le pays, et c'est par là qu'ils sont ressortis *(Josué 2)*.

Cela nous révèle un principe spirituel profond. Lorsqu'il existe dans nos vies des "demeures" cachées, des zones non consacrées, des domaines de nos vies non soumis à la seigneurie de Christ, elles deviennent des points d'entrée et de sortie pour l'ennemi. Nous transportons alors en nous-mêmes de multiples chevaux de Troie, silencieux, discrets, mais destructeurs. Tôt ou tard, ils agissent contre nous et causent la ruine de l'édifice que nous sommes.

Les murailles de Jéricho représentent ces systèmes de défense que nous érigeons autour de notre vie, ces forteresses que nous construisons pour nous protéger, nous définir, nous sécuriser. Nous les croyons imprenables. Nous nous sentons en sécurité derrière leurs remparts épais. Nous y avons même intégré nos "habitations" : nos identités, nos rôles, nos fonctions, nos réputations, etc. Mais ce que nous ne réalisons pas, c'est que ces mêmes murailles qui nous semblent protectrices servent aussi de refuge à l'ennemi. Cette maison de Rahab dans le mur symbolise ces zones grises de notre vie où nous tolérons un pied dans le royaume de Dieu et un pied dans le monde. Ces espaces où nous négocions avec Dieu plutôt que de nous soumettre totalement. Ces domaines que nous avons soustraits à Son inspection et à Sa transformation.

C'est par ces brèches que l'ennemi entre et sort à sa guise. Il utilise nos propres structures de défense contre nous. Il exploite nos zones de compromis. Il établit son quartier général dans les territoires non conquis de notre être.

Voilà pourquoi Dieu ordonna la destruction complète de Jéricho. Il ne s'agissait pas simplement de conquérir une ville, mais de démanteler tout un système, de démolir toute une structure qui, même conquise, aurait continué à abriter des éléments hostiles. Les Israélites devaient comprendre qu'on ne peut pas cohabiter avec l'ennemi. On ne peut pas réformer Jéricho. On ne peut que la détruire et rebâtir différemment.

Dans nos vies, cela signifie que certaines "murailles" doivent tomber complètement. Certaines structures identitaires doivent être démantelées. Certains systèmes de pensée doivent être rasés. Pas parce que Dieu prend plaisir à la destruction, mais parce que ces édifices, même avec les meilleures intentions, abritent des éléments incompatibles avec Son royaume. Voilà pourquoi nous ne devons ni les ignorer, ni les tolérer. Nous devons laisser Dieu les démolir.

Détruire les Forteresses Intérieures

Nous renversons les raisonnements et toute hauteur qui s'élève contre la connaissance de Dieu, et nous amenons toute pensée captive à l'obéissance de Christ ; 2 Corinthiens 10.5 (LSG)

We are DESTROYING ***sophisticated*** *arguments and every exalted and proud thing that sets itself up against the [true] knowledge of God, and we are taking every thought and purpose captive to the obedience of Christ.*
2 Corinthians 10.5 (AMP)

Nous DÉTRUISONS ***les raisonnements sophistiqués*** *et tout ce qui est exalté et orgueilleux et qui s'élève contre la*

[véritable] connaissance de Dieu, et nous amenons toute pensée et tout desseins captifs à l'obéissance du Christ.
2 Corinthiens 10.5 (traduit de l'anglais AMP)

Ce verset parle clairement de destruction, de démolition. Il évoque des hauteurs, des structures qui se dressent comme inamovibles, comme impossibles à déplacer. Des réalités intérieures qui s'érigent en opposition directe à la connaissance de Dieu.

Le verbe utilisé ici est puissant. Paul ne parle pas de "modifier" ou de "réorienter" ou de "réformer" ces raisonnements. Il parle de les DÉTRUIRE. Le terme grec "kathaireo" signifie littéralement "démolir complètement, raser, jeter à terre". C'est le même mot utilisé pour décrire la démolition d'une forteresse militaire ou le renversement d'un gouvernement.

Pourquoi tout détruire ? Parce que *ces "raisonnements sophistiqués"* ne sont pas de simples erreurs de pensée. Ce ne sont pas des confusions passagères qu'on corrige avec un peu de temps et de patience. Non. Ce sont des forteresses. Des forteresses intellectuelles et spirituelles, hautement stratégiques pour l'ennemi.

Ce sont des systèmes de croyances solidement érigés, bâtis pierre après pierre, argument après argument. Aujourd'hui, ce sont des convictions. Demain, si on les laisse s'enraciner, elles deviendront des bastions de résistance terribles. Ce sont des philosophies qui, à force d'être répétées, défendues, enseignées, se transforment en idéologies imprenables.

Et le plus redoutable dans tout cela ? Ce sont des mensonges répétés si souvent qu'ils ont fini par acquérir le statut de vérités incontestables. Ils ne se présentent plus comme des opinions. Ils se présentent comme des évidences. Comme ce qui "va de soi". Comme ce que tout le monde sait, ce que personne ne questionne. C'est pour cela qu'il faut de la **radicalité**. Parce qu'on ne détruit pas une forteresse avec des demi-mesures. On ne renverse pas une idéologie avec de la tiédeur. On ne déconstruit pas un mensonge ancré avec de vagues suggestions. Il faut de la puissance. Il faut de la clarté. Il faut la vérité, sans compromis.

Ces hauteurs "s'élèvent" elles ne sont pas simplement présentes, elles se dressent activement, agressivement contre la connaissance de Dieu. Elles ne coexistent pas paisiblement avec la Vérité. Elles la défient, la contestent, la nient. Elles établissent un royaume rival dans le territoire de notre intelligence et de notre imagination. Et oui, parfois, il ne suffit pas de déplacer une hauteur. Il faut la briser. Il ne suffit pas de commander, Il faut le faire dans le but de le renverser. Il ne suffit pas de nuancer une pensée orgueilleuse. Il faut la détruire et la remplacer par la pensée de Christ.

Cette guerre des pensées est peut-être le champ de bataille le plus crucial de notre vie spirituelle. Car c'est dans nos pensées que se gagnent ou se perdent toutes les autres batailles. C'est dans nos systèmes de croyances que se cachent les racines de nos comportements. C'est dans nos raisonnements que se dissimulent les forteresses qui maintiennent notre captivité. Toutes ces choses se retrouvent dans notre âme.

Un homme qui croit le mensonge "Je ne vaux rien" construira toute sa vie sur cette fondation défectueuse. Il développera des comportements d'auto-sabotage. Il rejettera l'amour qui lui est offert. Il fuira les opportunités qui se présentent. Et ce n'est pas en lui répétant "Tu as de la valeur" qu'on changera quoi que ce soit. Il faut détruire la forteresse du mensonge qui maintient ce système de pensée en place, déloger l'esprit de rejet qui l'habite, démolir l'édifice identitaire bâti sur le sable de cette fausse croyance.

Une femme qui a érigé le "contrôle" en stratégie de survie vivra dans l'anxiété perpétuelle. Elle épuisera son entourage par ses exigences. Elle limitera l'œuvre de Dieu dans sa vie par son refus de lâcher prise. Et elle ne trouvera pas la paix. Il faut démolir cette hauteur, briser cette idole, détruire ce système de pensée qui nie la souveraineté et l'autorité de Dieu dans Sa vie.

Je vous recommande vivement de lire le livre de l'Apôtre Yvan Castanou « **Sortir des Prisons intérieurs** » qui traite le point des forteresses intérieures avec un niveau de révélation et de profondeur. Comment les reconnaître ? Leurs origines ? Comment se construisent-elles ? Comment démolir les prisons intérieures ? Autant de point qui ne laisseront pas vos vies telles quelles sont.

Détruire pour Reconstruire

Car Dieu ne détruit jamais sans intention. Il démolit uniquement ce qu'Il s'apprête à reconstruire sur une fondation plus sûre, plus saine, plus durable. L'ennemi détruit pour anéantir. Le monde détruit par négligence ou par malveillance. Mais Dieu détruit pour reconstruire. Sa démolition est toujours rédemptrice. Son renversement est toujours orienté vers la restauration. Sa déconstruction prépare toujours une reconstruction glorieuse.

Quand Dieu démantèle nos faux systèmes de sécurité, c'est pour nous établir sur le Roc inébranlable qu'est Christ. Quand Il renverse nos raisonnements orgueilleux, c'est pour nous donner accès à Sa sagesse qui surpasse toute intelligence. Quand Il brise nos idoles, c'est pour libérer notre cœur afin qu'il puisse être rempli de Sa présence. Quand Il détruit nos édifices religieux bâtis selon nos propres plans, c'est pour construire en nous un temple digne de Sa gloire.

Le processus est douloureux, certes. La démolition fait du bruit, soulève la poussière, crée une forme d'instabilité. Il y a cette période inconfortable où l'ancien a été détruit mais où le nouveau n'est pas encore visible. C'est le temps du chantier, où rien ne semble beau, où tout paraît chaotique, où l'on est tenté de regretter ce qui existait auparavant.

Mais si nous pouvions voir avec les yeux de Dieu, si nous pouvions percevoir les plans qu'Il tient entre Ses mains d'Architecte divin, si nous pouvions entrevoir la magnificence de l'édifice qu'Il s'apprête à construire sur les ruines de nos projets humains, nous embrasserions la démolition avec reconnaissance. Nous coopérerions joyeusement avec l'œuvre du Maître Bâtisseur. Nous dirions comme Job après sa propre déconstruction :

Je reconnais que tu peux tout, et que rien ne s'oppose à tes pensées. Job 42.2

Car à la fin, ce que Dieu reconstruit après avoir démoli dépasse infiniment ce que nous aurions pu construire nous-mêmes. Saul devait mourir pour que Paul émerge. Simon devait être brisé pour que Pierre se lève. Jacob devait boiter pour qu'Israël marche dans sa destinée. Les murailles de nos Jéricho personnelles doivent tomber pour que la Terre Promise devienne réellement nôtre.

Acceptons donc l'œuvre de déconstruction divine non comme une punition, mais comme une préparation. Non comme une fin, mais comme un commencement. Non comme un abandon, mais comme la preuve ultime de l'engagement de Dieu envers notre destinée.

Car si l'Éternel est le Bâtisseur, Il sera aussi celui qui décide quand démolir et quand reconstruire. Et nous pouvons Lui faire confiance. Son plan est parfait. Ses fondations sont éternelles. Et l'édifice qu'Il bâtit subsistera pour toujours.

Il existe dans le Royaume de Dieu un principe qui déconcerte souvent nos logiques humaines : avant de bâtir son chef-d'œuvre, le Maître Architecte doit parfois démolir ce qui existe. Le prophète Jérémie a reçu cette mission :

Regarde, je t'établis aujourd'hui sur les nations et sur les royaumes, pour que tu arraches et que tu abattes, pour que tu ruines et que tu détruises, pour que tu bâtisses et que tu plantes Jérémie 1.10

Remarquez l'ordre divin : quatre verbes de destruction précèdent les deux verbes de construction. Ce n'est pas un hasard. C'est une pédagogie du royaume de Dieu.

Dieu n'est pas un simple rénovateur qui viendrait repeindre les façades de nos existences. Il est le Reconstructeur qui, lorsque les fondations sont mauvaises, n'hésite pas à tout démolir pour rebâtir sur le Roc. Car comme le dit l'apôtre Paul :

Personne ne peut poser un autre fondement que celui qui a été posé, savoir Jésus-Christ. 1 Corinthiens 3.11

Chapitre 4

On Ne t'Appellera Plus

Depuis le commencement du monde, Dieu n'a jamais utilisé d'autre outil que Sa Parole pour créer. Quand Il a créé l'univers, Il a parlé. Quand Il nous a conçus, Il a parlé. « *Par la foi, nous comprenons que les mondes ont été formés par la parole de Dieu, de sorte que ce qui se voit n'a pas été fait de choses qui paraissent* » *(Hébreux 11.3, JN Darby).*

Cette même Parole a aussi le pouvoir de détruire. Lorsque Dieu veut démolir une forteresse, un édifice mal bâti, Il parle. Et Sa Parole devient « *comme un marteau qui brise le roc* » *(Jérémie 23.29).* Elle vient fracasser ce qu'Il n'a pas construit, ce qui a été érigé en dehors de Son plan. Et pour cela, Il dit : « *On ne t'appellera plus...* »

C'est exactement ce qu'Il a fait avec Abram : « *On ne t'appellera plus Abram ; mais ton nom sera Abraham* » *(Genèse 17.5).* Avec Jacob : « *Ton nom ne sera plus Jacob, mais tu seras appelé Israël* » *(Genèse 32.28).* Et le prophète Ésaïe l'annonce aussi : « *On t'appellera d'un nom nouveau, que la bouche de l'Éternel déterminera... On ne te nommera plus Délaissée... mais on t'appellera Mon plaisir en elle* » *(Ésaïe 62.2, 4).*

Dieu annonce en avance. Quand Dieu bâtit par Sa Parole, Il dit, et la chose arrive. Il ne dit pas seulement « on ne t'appellera plus Abram », Il change le nom : Abram devient Abraham. Jacob devient Israël. Simon devient Pierre. Saul devient Paul. Ce ne sont pas des surnoms symboliques. Ce sont des reconstructions complètes, des identités rebâties par la Parole.

Dieu annonce toujours à l'avance ce qu'Il va faire. Regarde comment Il parle de la reconstruction de Jérusalem :

Jérusalem sera habitée comme une ville ouverte, à cause de la multitude d'hommes et de bêtes qui seront au milieu d'elle. Moi, je serai pour elle, dit l'Éternel, une muraille de feu tout autour, et je serai sa gloire au milieu d'elle. Zacharie 2.4-5

Il ne dit pas : « Peut-être que je vais rebâtir. » Il décrit avec précision ce qui va se passer. Les dimensions. La protection. La gloire au centre. C'est exactement de la même manière qu'Il parle sur nos vies : « *Vous êtes le champ de Dieu, l'édifice de Dieu* » *(1 Corinthiens 3.9)*. Et ce qu'Il dit s'accomplit.

Je ne sais pas comment on t'a appelé au fil des années. Je ne sais pas quels mots ont été prononcés sur toi. Des mots lancés comme des verdicts, des étiquettes, parfois même des insultes ou des injures. Ces paroles ont orienté tes choix, façonné tes comportements, bâti ta vie entière. Pour certains, ces noms sont devenus des fondations… et ces fondations ont mené à des ruines profondes, silencieuses, douloureuses. C'est pour cela que ce que Dieu fait ensuite est important. Quand Dieu change un nom, Il vient interrompre une trajectoire. Il ne corrige pas seulement le passé, Il redéfinit l'avenir. Dès qu'Il renomme, Il change la nature, Il reprend la source. Ce qu'Il est commence alors à couler en toi.

Je le redis : on ne t'appellera plus comme hier. Dieu te donne un nom nouveau, dans le nom de Jésus.

Entendre, Comprendre, Coopérer

Pour voir Dieu te transformer de la sorte, tu dois entendre, comprendre et coopérer avec la Parole envoyée. Et cela passe par la foi. La transformation dont on parle, cet édifice que Dieu veut bâtir dans ta vie, ce n'est pas quelque chose qui tombe du ciel pendant que tu dors. Non. Il y a ta part. Pas au sens où tu te construis toi-même — on vient de voir que c'est impossible. Mais au sens où tu dois te positionner pour recevoir ce que Dieu veut faire en toi.

D'abord, **entendre**. Et entendre vraiment, pas juste avoir les oreilles qui captent des sons. C'est être attentif, être présent. Quand Dieu parle à travers Sa Parole, à travers un sermon, à travers ce moment de prière silencieuse, est-ce que tu écoutes vraiment ? Ou es-tu déjà ailleurs, distrait par mille pensées ? Jésus a dit : *"Que celui qui a des oreilles pour entendre, entende."* Parce que tout le monde a des oreilles, mais tout le monde n'entend pas vraiment.

Ensuite, **comprendre**. Parce qu'on peut entendre sans saisir. C'est là que la méditation de la Parole prend est importante. Il ne suffit pas que les mots passent devant tes yeux ou entrent dans tes oreilles. Il faut qu'ils pénètrent ton intelligence, ton être tout entier. Pose-toi ces questions : qu'est-ce que ce passage me dit sur Dieu ? Sur moi-même ? Sur la façon dont je dois vivre ? Qu'est-ce que le Saint-Esprit veut m'enseigner aujourd'hui à travers ces mots ? Comprendre, c'est laisser la Parole faire son chemin en toi, t'éclairer, te révéler des choses.

Et puis, **coopérer**. C'est le mot clé. Coopérer avec la Parole envoyée. Dieu bâtit l'édifice, oui, absolument. Il est l'architecte et le constructeur. Mais Il ne te force jamais à suivre son plan. Il t'invite à marcher avec Lui dans ce processus de construction. Coopérer, c'est dire oui. C'est aligner ta volonté avec la sienne. C'est accepter de lâcher ce qu'Il te demande de lâcher. C'est faire ce pas d'obéissance même quand c'est difficile, même quand ça coûte. C'est ne pas résister au travail du Saint-Esprit en toi.

La foi, ce n'est pas juste croire que Dieu existe. Les démons croient ça aussi, nous dit Jacques. Non, la foi c'est une confiance active, vivante. C'est croire que Dieu peut vraiment me transformer, même quand je ne vois pas encore le résultat. C'est croire que Sa Parole est vraie, même quand tout autour de moi semble dire le contraire. C'est croire qu'Il est à l'œuvre en moi, même dans les moments où je ne ressens rien. C'est me mettre en action même si je ne vois rien.

Sans la foi, nous pouvons entendre mille sermons sans être transformé. Nous pouvons lire la Bible en entier sans changer. C'est la foi qui permet à la Parole de Dieu de faire son œuvre en nous. Hébreux nous dit que *"la parole qu'ils entendirent ne leur servit de rien, parce qu'elle ne trouva pas de foi chez ceux qui l'entendirent."* La Parole est là, puissante, vivante, capable de tout transformer mais elle a besoin de la foi pour agir pleinement.

Paul résume toute la dynamique de la vie spirituelle en une phrase simple et tranchante : en Jésus-Christ, seule compte la foi qui agit par l'amour *(Galates 5.6)*. La foi n'est donc pas une position intérieure figée, mais une force en mouvement. Elle agit. Et elle n'agit pas dans la crainte, la pression ou l'effort religieux, mais dans l'amour.

Cette foi repose sur une confiance réelle en Dieu. Elle s'abandonne à Lui, convaincue qu'Il sait conduire, orienter et établir. Elle ne cherche pas à maîtriser le chemin, mais à suivre. Elle accepte d'être guidée par la Parole, non comme par une contrainte, mais comme par une direction sûre. La foi authentique ne se contente pas de croire que Dieu existe ou qu'Il parle — elle croit qu'Il l'aime. Et cette confiance produit une obéissance vivante, paisible, féconde. La foi agit parce qu'elle aime, et elle aime parce qu'elle fait confiance. C'est dans cette union entre la foi, l'amour et la Parole que la vie du Royaume prend forme.

C'est comme un architecte qui a les plans parfaits pour construire une maison magnifique, solide, durable. Mais si le terrain n'est pas préparé, si le propriétaire refuse de collaborer, la construction ne peut pas se faire. La foi, c'est ce qui te rend réceptif, disponible, prêt à accueillir ce que Dieu veut bâtir dans ta vie.

Alors oui, Dieu construit l'édifice de ta vie. C'est Son œuvre. Mais tu dois te positionner dans la foi pour recevoir cette œuvre. Entendre avec attention. Comprendre avec humilité. Coopérer avec obéissance. Et tout cela, animé par une foi vivante qui dit : « *Seigneur, je crois. Viens au secours de mon incrédulité.* » *(Marc 9.24).*

Regardez Hébreux 11. Tous ces hommes et ces femmes dont la vie a été bouleversée par Dieu. Abraham, Moïse, Rahab, David. Tout s'est fait par la foi. Parce que « *la foi est l'assurance des choses qu'on espère, la démonstration de celles qu'on ne voit pas* » *(Hébreux 11.1).*

Même si tu ne vois pas encore, la Parole entendue est la démonstration de ce que Dieu va faire dans ta vie. L'Apôtre Yvan dit souvent que « *la prophétie est l'aperçu avant impression de ce que nous pouvons devenir* » Alors oui, tu deviendras ce que tu entends. Ce à quoi tu t'exposes. Parce qu'en vérité, tout est créé par la Parole.

Des rejetés sont créés par des paroles de mépris. Des méchants sont façonnés par des paroles de méchanceté. Des possédés sont conçus par des enchantements. De la même manière — et je dirais encore plus excellemment — Dieu crée des disciples par Sa Parole, des héros par Sa Parole, des passionnés par Sa Parole, des conquérants par Sa Parole. Dieu bâtit par Sa Parole. Quelle est notre part ? Avoir foi en Sa Parole. Car « *la foi vient de ce qu'on entend, et ce qu'on entend vient de la parole de Christ* » *(Romains 10.17).*

La Parole dans le Cœur

David appartient à l'Ancien Testament, mais sa manière de vivre, de marcher avec Dieu et de Lui répondre ressemble déjà à une vie du Nouveau Testament. Il ne se contente pas d'obéir extérieurement :

il vit dans une relation intérieure, vivante, personnelle avec Dieu.

La clé de cette vie se trouve de manière évidente dans le Psaume 119. Ce psaume est rempli de richesses spirituelles : de grâce, de principes, de clés et d'outils capables de bâtir une vie solide devant Dieu. Tout au long du psaume, David fait constamment le lien entre la Parole de Dieu — qu'il appelle loi, instruction, commandements ou statuts — et son cœur. Dans une même phrase, il unit ce que Dieu dit et ce qu'il vit intérieurement. Cela montre que, pour lui, la Parole n'est pas une règle extérieure, mais une réalité intérieure qui façonne ses pensées, ses choix et sa manière de vivre.

Je te cherche de tout mon cœur : Ne me laisse pas égarer loin de tes commandements. Psaume 119.10

Je serre ta parole dans mon cœur, afin de ne pas pécher contre toi. Psaume 119.11

Je cours dans la voie de tes commandements,
Car tu élargis mon cœur. Psaume 119.32

Des orgueilleux imaginent contre moi des faussetés ; Moi, je garde de tout mon cœur tes ordonnances. Psaume 119.69

Je me réjouis de ta parole, comme celui qui trouve un grand butin. Psaume 119.162

C'est la clé : une vie bâtie par la Parole, lorsqu'elle trouve un cœur, un champ, une terre où être semée.

Les Quatre Types de Sols

Jésus Lui-même nous parle des quatre types de terres dans la parabole du semeur :

Écoutez. Un semeur sortit pour semer. Comme il semait, une partie de la semence tomba le long du chemin : les oiseaux vinrent, et la mangèrent. Une autre partie tomba dans un endroit pierreux, où elle n'avait pas beaucoup de terre ; elle leva aussitôt, parce qu'elle ne trouva pas un sol profond ; mais, quand le soleil parut, elle fut brûlée et sécha, faute de racines. Une autre partie tomba parmi les épines : les épines montèrent, et l'étouffèrent. Une autre partie tomba dans la bonne terre : elle donna du fruit qui montait et croissait, et elle rapporta trente, soixante, et cent pour un. Marc 4.3-8

Sol 1 : Le chemin durci

La Parole est arrivée à la bonne adresse, mais la porte est restée fermée. Le cœur ne s'est pas ouvert pour recevoir. Résultat ? L'ennemi n'avait qu'à passer et voler, car la Parole n'était pas soigneusement gardée.

En termes de construction, c'est comme livrer des matériaux de qualité sur un chantier, mais laisser tout dehors, sans surveillance. Le lendemain, tout a disparu.

Sol 2 : Le sol pierreux

Ici, la Parole rencontre un problème. La terre est pleine de roches. Il faut d'abord labourer, casser, percer le sol avant de planter. Elle n'arrive pas à prendre racine, car derrière l'apparence de terre cultivable se cachent des roches.

C'est comme vouloir construire sans avoir sondé le terrain. En surface, tout semble prêt. Mais dès qu'on creuse pour poser les fondations, on heurte plein de caillou. La construction ne peut pas avancer.

Sol 3 : Les ronces

Les ronces, ce sont ces choses qui, dans nos vies, sont négatives, ne viennent pas de Dieu, mais qui prennent tellement de place que la bonne semence n'arrive pas à pousser. C'est une personne qui entend les bonnes paroles, au bon moment, au bon endroit, mais qui ne veut pas déblayer le terrain, défricher avant de construire.

En construction, c'est vouloir bâtir sans avoir nettoyé le chantier. Les gravats, les débris, les mauvaises herbes envahissent tout. La fondation se pose sur un terrain encombré. Rien de solide ne peut en sortir.

Je me rappelle le nombre de fois où nous avons avec mes frères et sœurs retirés les cailloux dans le jardin avant de planter de le gazon. C'était parfois long, fastidieux mais tellement nécessaire.

Sol 4 : La bonne terre

C'est une personne ayant le cœur ouvert à la Parole. Qui a accepté la douleur d'être labourée. Qui a nettoyé sa vie, mis de l'ordre, et donné la priorité à Dieu. Lorsque la semence vient, elle ne peut que croître et porter du fruit. Un fruit durable.

En construction, c'est le chantier idéal : terrain sondé, nettoyé, nivelé. Les matériaux arrivent et trouvent un sol prêt. L'édifice s'élève solidement, durablement.

Tout à la Foi

Concernant la foi, je vous renvoie à mon livre « *Tout à la foi* » que vous retrouverez sur les plateformes telles qu'Amazon. Dans cet ouvrage, j'explique par la grâce de Dieu comment la foi — qui est une force agissante et non un état de pensée — mets les vies en action. Vous y trouverez plus d'une vingtaine d'acte concret que fait la foi dans nos vies.

Chapitre 5

Modèle de Chantier

Édifice n°1 : Saul Devient Paul – La Déconstruction d'un Zèle Meurtrier

Une Construction Religieuse Sans Christ

Saul de Tarse représente l'archétype de l'homme qui bâtit pour Dieu sans connaître Dieu. Son curriculum vitae spirituel était impressionnant :

Circoncis le huitième jour, de la race d'Israël, de la tribu de Benjamin, Hébreu né d'Hébreux ; quant à la loi, pharisien ; quant au zèle, persécuteur de l'Église ; irréprochable, à l'égard de la justice de la loi. Philippiens 3.5-6

Saul avait construit un édifice religieux majestueux. Chaque pierre était posée avec une précision méticuleuse : la circoncision, l'appartenance tribale, la formation aux pieds de Gamaliel, l'observance scrupuleuse de la Torah. Il était sincère. Il était dévoué. Il était zélé. Et il était complètement dans l'erreur.

Son zèle le conduisait à *"respirer encore la menace et le meurtre contre les disciples du Seigneur" (Actes 9.1).* Imaginez l'ironie tragique : un homme pensait servir Dieu en détruisant l'Église de Dieu. Saul bâtissait pour le

Seigneur en persécutant le Seigneur. Il défendait la vérité en combattant la Vérité. Il était sincèrement dans l'erreur.

Le Chemin de Damas : Quand Dieu Démonte Nos Certitudes

C'est sur la route de Damas que Dieu commença son œuvre de démolition. Une lumière plus brillante que le soleil de midi l'enveloppa. Une voix retentit :

Saul, Saul, pourquoi me persécutes-tu ? Actes 9.4

En une fraction de seconde, tout l'édifice théologique de Saul s'effondra. La question n'était pas : "Pourquoi persécutes-tu mon Église ?" mais "Pourquoi ME persécutes-tu ?"

Jésus s'identifiait à Son Église. Le Christ que Saul considérait comme un blasphémateur mort était vivant. Les disciples qu'il traquait étaient les membres du corps de ce Christ ressuscité. Tout ce que Saul avait construit pendant des années s'écroulait en quelques instants.

Et pour bien marquer cette déconstruction, Dieu le rendit aveugle. Celui qui voyait si clair dans sa théologie ne voyait plus rien. Celui qui était si sûr de son chemin devait être conduit par la main comme un enfant. Pendant trois jours, Saul resta dans les ténèbres, sans manger ni boire *(Actes 9.9)*. C'était le temps nécessaire à la démolition complète.

La Reconstruction : De Saul à Paul

Quand Ananias est venu pour imposer les mains à Saul, ce ne fut pas simplement pour lui rendre la vue physique. C'était pour lui donner une nouvelle vision, une nouvelle identité, un nouveau fondement. *"Il tomba de ses yeux comme des écailles, et il recouvra la vue" (Actes 9.18).* Ces écailles représentent toutes les fausses certitudes, tous les préjugés religieux, toutes les constructions humaines qui l'avaient aveuglé à la vérité de Christ. L'homme qui sortit de cette expérience n'était plus Saul. Oh, il portait encore ce nom dans certains contextes, mais il était devenu Paul. Non pas un Saul amélioré, mais un homme entièrement nouveau. Il le dira lui-même plus tard :

J'ai été crucifié avec Christ ; et si je vis, ce n'est plus moi qui vis, c'est Christ qui vit en moi. Galates 2.20

Paul, dans un regard rétrospectif sur sa propre vie, considérera tout ce qu'il avait bâti comme Saul comme *"de la boue" (Philippiens 3.8)*. Tout. Son statut, ses diplômes religieux, sa réputation irréprochable, son zèle, ses accomplissements. Tout ce qui faisait jadis sa fierté. Ce qui était autrefois son gain, ce qui constituait sa richesse et sa valeur aux yeux du monde, devint subitement sa perte. Ce qui faisait sa gloire, ce sur quoi il s'appuyait avec assurance, devint sa honte. Un renversement complet.

Pourquoi ? Parce que Dieu avait démoli l'édifice Saul. Pierre après pierre, accomplissement par accomplissement, certitude par certitude. Dieu avait détruit cet édifice religieux, impressionnant certes, mais bâti sur de mauvaises fondations. Et sur ces ruines, Dieu avait entrepris de bâtir l'édifice Paul. Pas une simple rénovation. Pas un rafistolage. Une reconstruction totale sur un fondement radicalement différent : Christ seul.

Juste Christ. Christ comme fondation, Christ comme structure, Christ comme raison d'être.

L'ancien édifice devait tomber pour que le nouveau puisse s'élever. C'est souvent ainsi que Dieu travaille dans nos vies. Et quel édifice Dieu bâtit ! Paul devint l'apôtre des nations, celui qui planta des Églises dans tout le bassin méditerranéen et en Asie, celui qui écrivit près de la moitié du Nouveau Testament. Mais cette construction magnifique n'aurait jamais pu se réaliser sans la démolition préalable de Saul.

Édifice n°2 : Simon Devient Pierre – La Reconstruction d'un Fondement Instable

L'Édifice de Simon : Des Fondations Mouvantes

Simon, était un homme d'action et de paroles. Impulsif, passionné, toujours prêt à prendre des initiatives. Quand Jésus l'appela au bord du lac de Génésareth, il abandonna immédiatement ses filets pour le suivre *(Luc 5.11)*. Cette spontanéité était à la fois sa force et sa faiblesse. Jésus lui donna un nouveau nom dès leur première rencontre : *Tu es Simon, fils de Jonas ; tu seras appelé Céphas (ce qui signifie Pierre). Jean 1.42*

C'était une parole prophétique. Simon signifie "roseau", évoquant quelque chose de flexible, d'instable, qui se plie au gré du vent. Pierre signifie "rocher", évoquant la solidité, la stabilité, la fermeté. Mais entre la parole prophétique et la réalité, il y avait un gouffre. Simon devait devenir Pierre. Le roseau devait devenir rocher. Et pour cela, l'édifice du vieux Simon devait être déconstruit pierre par pierre.

Les Fissures Apparaissent

Les Évangiles nous révèlent progressivement les failles structurelles de l'édifice Simon. À Césarée de Philippe, après avoir reçu la révélation que Jésus est le Christ, le Fils du Dieu vivant, et après que Jésus l'ait béni en déclarant qu'il bâtirait son Église sur ce roc *(Matthieu 16.16-18)*, Simon commit une erreur monumentale.

Lorsque Jésus commença à annoncer ses souffrances à venir, Simon prit le Seigneur à part et *"se mit à le reprendre, disant : À Dieu ne plaise, Seigneur ! Cela ne t'arrivera pas" (Matthieu 16.22)*. En quelques instants, Simon passa du statut de "bienheureux" à celui d'obstacle. Jésus lui répondit sévèrement *: "Arrière de moi, Satan ! tu m'es en scandale ; car tes pensées ne sont pas les pensées de Dieu, mais celles des hommes" (Matthieu 16.23).*

Quelle chute vertigineuse ! Simon venait de démontrer que malgré sa confession juste, son système de pensée restait humain, charnel, incompatible avec les desseins de Dieu. Il voulait un Messie glorieux sans croix, une couronne sans souffrance, une victoire sans sacrifice. L'édifice Simon était bâti sur de mauvaises fondations.

Le Chant du coq : L'Effondrement Total

Le processus de destruction continua dans la cour du souverain sacrificateur, pendant que Jésus était interrogé à l'intérieur. Simon avait proclamé avec assurance quelques heures plus tôt : *Quand tous seraient scandalisés à cause de toi, je ne serai jamais scandalisé... Quand il me faudrait mourir avec toi, je ne te renierai point. (Matthieu 26.33, 35)*

C'était la voix de Simon, confiant dans ses propres forces, dans ses bonnes intentions, dans son amour sincère pour le Maître. Mais Jésus connaissait la fragilité de cet édifice. Il avait prophétisé : *En vérité, je te le dis, cette nuit même, avant que le coq chante, tu me renieras trois fois. (Matthieu 26.34)*

Et ce qui devait arriver, arriva. Face à une simple servante, Simon nia : *"Je ne connais pas cet homme" (Matthieu 26.72)*. Deuxième confrontation, deuxième reniement avec serment. Troisième fois, Simon se mit à faire des imprécations et à jurer : *"Je ne connais pas cet homme !" (Matthieu 26.74)*. Aussitôt le coq chanta.

"Le Seigneur, s'étant retourné, regarda Pierre" (Luc 22.61). Ce regard ne contenait pas de condamnation. Pierre sortit et pleura amèrement. Les larmes qui coulaient sur ses joues lavaient les derniers vestiges de son orgueil spirituel.

L'édifice Simon gisait en ruines. L'homme qui s'était vanté de mourir pour Christ n'avait pas eu le courage de l'avouer devant une servante. Toute la confiance en soi, toute la vantardise, toute la présomption étaient réduites en poussière.

M'aimes-tu ?

Après la résurrection, au bord du lac de Tibériade, Jésus entreprit la reconstruction. Le chantier commença par une question répétée trois fois, une fois pour chaque reniement : *Simon, fils de Jonas, m'aimes-tu ? (Jean 21.15-17)*

Remarquez que Jésus l'appela "Simon, fils de Jonas", pas Pierre. Il le ramenait à son identité première pour rebâtir sur de nouvelles fondations. Chaque question était une pierre posée dans le nouvel édifice. La première fois, Pierre répondit avec assurance. La deuxième fois, avec un peu moins de certitude. La troisième fois, "Pierre fut attristé de ce qu'il lui avait dit pour la troisième fois: *M'aimes-tu ? Et il lui répondit : Seigneur, tu sais toutes choses, tu sais que je t'aime. (Jean 21.17)*

C'était la réponse d'un homme reconstruit. Humble. Plus de vantardise, plus de comparaisons avec les autres disciples, plus de confiance en ses propres forces. Seulement une humble dépendance de l'omniscience du Seigneur : *"Tu sais toutes choses."* Pierre avait appris à ne plus se fier à son propre cœur mais à s'en remettre à la connaissance parfaite de Christ.

Le jour de la Pentecôte révéla l'ampleur de la reconstruction divine. L'homme qui avait renié son Seigneur devant une servante se leva devant des milliers de personnes pour proclamer hardiment :

Que toute la maison d'Israël sache donc avec certitude que Dieu a fait Seigneur et Christ ce Jésus que vous avez crucifié.
Actes 2.36

Trois mille âmes furent ajoutées à l'Église ce jour-là. Ce n'était plus Simon qui parlait, mais Pierre. Le roseau était devenu rocher. Non par ses propres efforts, mais par l'œuvre de déconstruction et de reconstruction opérée par le divin Architecte.

Cette reconstruction n'a pas été faite sur la base d'accusation, de mépris ou de critique, mais avec de l'amour. Jésus a commencé le chantier de construction par la fondation de l'amour. Qu'importe la douleur et la honte qu'a pu ressentir Simon, qu'importe la profondeur de la trahison qu'il a commise, Jésus rétablit premièrement Pierre dans l'amour. Car l'amour couvre une multitude de fautes *(1 Pierre 4.8)*, car l'amour parfait bannit la crainte *(1 Jean 4.18)*, et Pierre avait eu peur.

Édifice n°3 : Jacob Devient Israël – La Transformation d'un Usurpateur

Construit sur la Ruse et la Manipulation

Jacob naquit en agrippant le talon de son frère jumeau Ésaü, et son nom signifie "supplanteur" ou "celui qui trompe". Dès le sein maternel, il y avait une lutte, un conflit, une compétition. Et toute sa vie fut marquée par cette identité de manipulateur.

Adolescent, il profita de la faiblesse d'Ésaü pour lui acheter son droit d'aînesse contre un plat de lentilles *(Genèse 25.29-34)*. Plus tard, avec la complicité de sa mère Rebecca, il trompa son père Isaac pour lui voler la bénédiction destinée à Ésaü, se faisant passer pour son frère en portant des peaux de chevreaux pour imiter sa pilosité *(Genèse 27)*.

Jacob avait construit toute son existence sur la tromperie, la manipulation, l'usage de stratagèmes humains pour obtenir ce que Dieu lui avait pourtant déjà promis. Car c'est là le paradoxe : Dieu avait déclaré avant même sa naissance que *"l'aîné sera assujetti au plus jeune" (Genèse*

25.23). Jacob devait recevoir la primauté. Mais au lieu de faire confiance à Dieu pour accomplir sa promesse, il prit les choses en main selon ses propres méthodes.

L'Exil et les Leçons de Laban

Fuyant la colère d'Ésaü qui voulait le tuer, Jacob dut s'exiler chez son oncle Laban. À Béthel, pendant son voyage, Dieu lui apparut en songe et renouvela les promesses de l'alliance abrahamique : *Je suis avec toi, je te garderai partout où tu iras, et je te ramènerai dans ce pays ; car je ne t'abandonnerai point, que je n'aie exécuté ce que je te dis. Genèse 28.15*

Mais Jacob, fidèle à son système de pensée, répondit par un marchandage : *Si Dieu est avec moi… alors l'Éternel sera mon Dieu. Genèse 28.20-21*

Même face à une révélation divine, Jacob négociait, posait des conditions, essayait de contrôler la situation. Chez Laban, Jacob rencontra plus rusé que lui. Il fut trompé concernant son mariage, obligé de travailler quatorze ans au lieu de sept pour épouser Rachel, manipulé sur son salaire qui fut changé dix fois *(Genèse 31.41)*. Dieu utilisait Laban comme un miroir pour que Jacob voie sa propre nature. Le trompeur était trompé. Le manipulateur était manipulé. C'était le début du processus de déconstruction.

La Nuit de la Démolition

Vingt ans plus tard, Jacob retournait en Canaan. Mais il devait affronter Ésaü, et la terreur le saisit. Il mit en place toute une stratégie élaborée : diviser sa caravane en deux camps, envoyer des présents par vagues successives pour apaiser son frère, placer ses femmes et ses enfants dans un ordre stratégique (Genèse 32). C'était encore Jacob qui opérait selon ses méthodes habituelles, essayant de contrôler la situation par la ruse et la diplomatie. Mais cette nuit-là, au gué du Jabbok, Dieu décida que le temps était venu de démolir définitivement l'édifice Jacob.

Jacob demeura seul. Alors un homme lutta avec lui jusqu'au lever de l'aurore. Genèse 32.24

Ce n'était pas un homme ordinaire, mais l'Ange de l'Éternel. Toute la nuit, Jacob lutta. C'était le combat de sa vie, pas contre Ésaü, ni contre Laban, mais contre Dieu lui-même. Plus profondément, c'était le combat de Jacob contre Jacob, de sa volonté propre contre la volonté divine, de ses méthodes contre les méthodes de Dieu. La dimension terrestre contre la dimension spirituelle.
L'Ange *"toucha l'emboîture de sa hanche ; et l'emboîture de la hanche de Jacob se déboîta pendant qu'il luttait avec lui" (Genèse 32.25)*. Ce n'était pas un accident, mais un acte délibéré de déconstruction divine. Dieu brisa physiquement Jacob pour représenter la brisure spirituelle nécessaire. L'homme qui avait toujours compté sur sa force, sa ruse, son habileté à manœuvrer, était maintenant invalide, boiteux, dépendant.

La Reconstruction : Un Nouveau Nom, Une Nouvelle Nature

Au point de rupture du jour, l'Ange voulut partir, mais Jacob s'accrocha à lui : « *Je ne te laisserai point aller, que tu ne m'aies béni.* » *(Genèse 32.26)*. Quelle transformation ! Celui qui avait volé les bénédictions par la tromperie suppliait maintenant pour une bénédiction authentique. Celui qui avait manipulé pour obtenir implorait maintenant comme un enfant dépendant.

L'Ange lui demanda : *"Quel est ton nom ?"* Jacob connaissait la réponse, mais la prononcer était une confession publique de sa nature : *"Jacob"* – le trompeur, le supplanteur. C'était l'équivalent de dire : "Je suis un manipulateur, un menteur, quelqu'un qui a construit sa vie sur la ruse." Cette confession ouvrit la porte à la reconstruction :

Il dit : On ne t'appellera plus Jacob, mais tu seras appelé Israël, car tu as lutté avec Dieu et avec des hommes, et tu as été vainqueur. Genèse 32.28

Israël signifie "celui qui lutte avec Dieu" ou "prince de Dieu". Ce n'était pas simplement un changement de nom, mais une transformation d'identité, de caractère, de destinée.

Jacob le trompeur était mort au Jabbok. Israël le prince de Dieu était né. Et pour que Jacob n'oublie jamais cette nuit de déconstruction-reconstruction, Dieu le laissa avec une infirmité permanente :

C'est pourquoi, jusqu'à ce jour, les enfants d'Israël ne mangent point le tendon qui est à l'emboîture de la hanche ; car Dieu frappa Jacob à l'emboîture de la hanche, au tendon.
Genèse 32.32

Chaque pas boiteux lui rappellerait désormais qu'il ne devait plus compter sur ses propres forces mais sur la force de Dieu, qu'il ne devait plus manipuler mais faire confiance, qu'il ne devait plus être Jacob mais Israël.

Le Principe Universel de Déconstruction-Reconstruction

Jérémie et le Potier

Ces trois exemples – Saul devenant Paul, Simon devenant Pierre, Jacob devenant Israël – ne sont pas des cas isolés. Ils illustrent un principe fondamental dans la manière dont Dieu travaille dans nos vies. Le prophète Jérémie a reçu une révélation claire de ce processus.

La parole qui fut adressée à Jérémie de la part de l'Éternel, en ces mots : Lève-toi, et descends dans la maison du potier ; là, je te ferai entendre mes paroles. Je descendis dans la maison du potier, et voici, il travaillait sur un tour. Le vase qu'il faisait ne réussit pas, comme il arrive à l'argile dans la main du potier ; il en refit un autre vase, tel qu'il trouva bon de le faire.
Jérémie 18.1-4

Le vase ne réussit pas. Il y avait un défaut, une imperfection, quelque chose qui ne correspondait pas au dessein du potier. Que fit alors l'artisan ? Il ne jeta pas l'argile. Il ne se contenta pas de camoufler le défaut. Il détruisit complètement le premier vase pour en refaire un autre *"tel qu'il trouva bon de le faire"*.

C'est exactement ce que Dieu fait dans nos vies. Nous sommes l'argile, Il est le potier. Et souvent, le vase que nous avons construit – même avec de bonnes intentions, même avec sincérité – ne correspond pas à son dessein. Il doit alors démolir pour rebâtir selon son plan parfait.

Édifice n°4 : Job : La Déconstruction Radicale

L'Édifice Éprouvé

L'histoire de Job est peut-être l'exemple le plus radical d'une destruction qu'on trouve dans toute l'Écriture. Imagine : en un seul jour, Job a tout perdu. Absolument tout. Ses biens, ses enfants, sa santé, sa réputation. L'édifice entier de son existence prospère s'est effondré comme un château de cartes. C'est difficile à concevoir, n'est-ce pas ? Et pourtant, certaines personnes vivent des choses similaires. La perte d'un être cher, d'un enfant, un accident, une maladie foudroyante. La vie peut basculer si vite.

Alors, comment Dieu peut-il reconstruire la vie d'une personne qui a vécu ce genre d'histoire ? C'est là que l'histoire de Job devient précieuse. Dieu nous a donné en Job un modèle de quelqu'un qui a tout perdu. Très peu ont vraiment tout perdu comme Job. C'est cette radicalité même qui fait de son histoire un repère pour tous ceux qui se retrouvent dans les décombres de leur propre vie. Mais avant de comprendre la reconstruction de Job, il faut revenir au commencement.

Il y eut un jour où le ciel se rassembla. Les fils de Dieu se sont présentés devant l'Éternel, et au milieu d'eux apparut aussi Satan. Il se tient là, non comme un adorateur, mais comme un observateur en inspection. L'Éternel lui adressa une question : « D'où viens-tu ? » Satan répondit qu'il venait de parcourir la terre. Il avait marché sur le sol des hommes, longeant les murs de leurs vies, évaluant leurs fondations. Il était passé là où les édifices tiennent debout en apparence mais s'effritent dès qu'on frappe à la base. Car le diable cherche constamment des brèches, des failles pour nous attaquer. Il rôde sans cesse, cherchant des maisons à détruire. Alors Dieu désigna un homme. Non une nation, non un prophète public, non un roi couronné, mais un serviteur.

As-tu remarqué mon serviteur Job ? Il n'y a personne comme lui sur la terre ; c'est un homme intègre et droit, craignant Dieu, et se détournant du mal. Job 1.8

Comme si Dieu attirait volontairement le regard de Satan sur une œuvre précise. Dieu connaît ceux qu'Il bâtit. Dieu était fier. Imagine un instant : le Créateur de l'univers, fier de présenter aux fils de Dieu et même à Satan, l'édifice qu'Il avait construit. Il décrivit Job non par ce qu'il possède, mais par ce qu'il est. Intègre, sans fissure volontaire. Droit. Craignant Dieu, attaché aux choses d'en haut. Se détournant du mal. Quatre traits, quatre piliers, comme les angles d'un édifice solidement dressé. Job apparaît alors comme une construction rare, visible depuis le ciel, suffisamment stable pour être montrée. Un bâtiment exceptionnel.

Mais ce qui est montré est aussi destiné à être éprouvé. Toute œuvre véritable, lorsqu'elle est achevée, appelle le test. Non pour être humiliée, mais pour être révélée. Ce que Dieu présente n'est pas fragile, mais précieux. Et ce qui est précieux ne reste jamais à l'abri du feu.

Ce n'est pas le diable qui a directement touché Job. C'est Dieu qui a accepté de retirer Sa main protectrice. Nuance importante. Dieu peut permettre, d'une manière ou d'une autre, de retirer Sa protection, mais Il le fait toujours dans un but précis, un but qui, finalement, sera bénéfique et parlera pour Sa gloire. Parfois nous ne comprenons pas les voies du Seigneur. Elles nous échappent complètement. Mais nous ne sommes pas appelés à tout comprendre. Nous sommes appelés à les accepter avec foi, même quand elles dépassent notre entendement.

Dieu Lui-même a dit : « *Je l'attirerai dans le désert.* » Dieu peut permettre des déserts, même les plus arides, même les plus difficiles à traverser. Mais pourquoi ? Dans le but de parler à nos cœurs, de Se révéler à nous d'une manière nouvelle, plus profonde.

L'édifice « Job » n'était pas encore secoué à ce moment-là. Il était encore debout, paisible, ordonné. Mais dans le silence de cette assemblée céleste, une chose était déjà claire : ce qui a été bâti dans la crainte de Dieu devra tenir lorsque les fondations seront frappées. Car les structures superficielles s'écroulent vite, mais ce qui est droit, intègre et enraciné ne tombe pas facilement.

Ainsi commence l'histoire. Avant que la terre ne tremble, le ciel a déjà reconnu la solidité de l'ouvrage. Avant que Job ne perde quoi que ce soit, Dieu a déjà affirmé ce qu'il est. Et peut-être qu'aujourd'hui, avant que ta propre vie ne soit secouée, Dieu voit déjà ce qu'Il a bâti en toi. Ce que tu es, au-delà de ce que tu possèdes. Ce qui tient, au-delà de ce qui paraît.

Job était *"intègre et droit ; il craignait Dieu, et se détournait du mal" (Job 1.1)*. Ce n'était pas un pécheur notoire que Dieu punissait. C'était un homme juste dont l'édifice devait néanmoins être démoli pour une reconstruction sur un fondement plus profond.

Tout au long du livre, Job protesta, questionna, réclama des réponses. Il avait construit sa théologie sur un principe de rétribution : le juste est béni, le méchant est puni. Mais sa souffrance remettait en question tout son système de pensée. Dieu devait déconstruire cette théologie simpliste pour révéler une vérité plus profonde sur Sa souveraineté, Sa sagesse et Ses desseins qui dépassent notre compréhension. Finalement, quand Dieu apparut à Job dans le tourbillon, Il ne répondit pas à ses questions. Au lieu de cela, Il posa Ses propres questions :

Où étais-tu quand je fondais la terre ? … Qui a pris les dimensions de la terre ? … As-tu pénétré jusqu'aux sources de la mer ? La mort t'a-t-elle ouvert ses portes ? Job 38.41

Face à cette révélation de la grandeur et de la souveraineté de Dieu, Job s'effondra dans la repentance :

Je reconnais que tu peux tout, et que rien ne s'oppose à tes pensées… C'est pourquoi je me condamne et je me repens sur la poussière et sur la cendre. Job 42.2, 6

La reconstruction qui suivit fut glorieuse. *L'Éternel rétablit Job dans son premier état… L'Éternel bénit la fin de Job plus que son commencement" (Job 42.10, 12).* Mais ce n'était pas simplement un retour à l'état antérieur. Job avait été transformé. Il connaissait maintenant Dieu d'une manière qu'il n'avait jamais connue auparavant : *"Mon oreille avait entendu parler de toi ; mais maintenant mon œil t'a vu" (Job 42.5).* Dieu peut permettre une démarche de

Destruction-Construction uniquement dans le but que l'homme apprenne à Le connaître.

Edifice n°5 : Jean-Baptiste, le discernement de la saison

Jean-Baptiste incarne parfaitement l'attitude nécessaire face à l'œuvre de déconstruction. Lui qui avait été le prophète le plus célèbre de son temps, celui vers qui tout Jérusalem venait pour être baptisé, celui qui avait préparé le chemin du Seigneur, déclara concernant Jésus : *"Il faut qu'il croisse, et que je diminue" (Jean 3.30).*

Jean acceptait volontairement la déconstruction de son ministère, de sa notoriété, de son influence. Il comprenait que son édifice n'était qu'un monument temporaire destiné à être enlevé une fois le véritable édifice – Christ – révélé. Sa joie était complète non dans son propre succès, mais dans l'accomplissement du dessein divin à travers sa diminution.

Cette attitude contraste radicalement avec notre tendance naturelle à nous accrocher à nos constructions, nos possessions, « mon ma mes je » même quand Dieu nous appelle à les abandonner. Nous voulons que nos projets réussissent, que nos ministères prospèrent, que nos plans aboutissent. Nous cherchons notre confort, nos biens, notre réputation, l'accomplissement de nos rêves, de nos prophéties. Mais Dieu nous appelle à accepter que notre Jean-Baptiste diminue pour que Christ grandisse.

Dieu ne se contente pas d'améliorer nos constructions humaines. Il les démonte pour rebâtir selon

Ses plans, sur Ses fondations, selon Ses méthodes. Saul devait mourir pour que Paul vive. Simon devait être brisé pour que Pierre émerge. Jacob devait boiter pour qu'Israël marche dans sa destinée. Le vase raté devait être détruit pour qu'un nouveau vase apparaisse. Job devait tout perdre pour tout retrouver multiplié. Jean devait diminuer pour que Christ grandisse.

Cette œuvre de déconstruction n'est jamais agréable. Elle te confronte à tes illusions, expose tes faiblesses, révèle la fragilité de tes constructions. Tu es tenté de résister, de protester : "Mais Seigneur, j'ai travaillé si dur pour bâtir et protéger ceci ! J'ai investi tant de temps, d'énergie, de ressources ! C'est comme « mon caractère » Ne peux-tu pas simplement réparer plutôt que détruire ?"

Pourtant, c'est précisément dans ces moments de démolition que se trouve ta plus grande transformation. Car le Dieu qui détruit est aussi le Dieu qui rebâtit. Et ce qu'Il construit dépasse infiniment ce que tu aurais pu construire toi-même. L'apôtre Paul, qui connaissait intimement ce processus a dit : « *Nous sommes ouvriers avec Dieu. Vous êtes le champ de Dieu, l'édifice de Dieu.* »
(1 Corinthiens 3.9)

Remarquez : nous sommes l'édifice DE DIEU, pas notre propre édifice. Et plus loin : « *Si l'œuvre bâtie par quelqu'un sur le fondement subsiste, il recevra une récompense. Si l'œuvre de quelqu'un est consumée, il perdra sa récompense ; pour lui, il sera sauvé, mais comme au travers du feu.* »
(1 Corinthiens 3.14-15)

Le feu divin consumera tout ce qui n'est pas construit sur le bon fondement. Mieux vaut expérimenter cette purification maintenant, où Dieu démonte nos mauvaises constructions pour rebâtir selon Son plan, que de découvrir au jugement dernier que nous avons bâti du bois, du foin et du chaume un autre fondement que Christ.

Alors, si tu te trouves aujourd'hui dans une saison de déconstruction, où il semble que Dieu détruit tout ce que tu avais construit, prends courage. Ce n'est pas de la cruauté divine, mais de la chirurgie céleste. Ce n'est pas une fin, mais un commencement. Ce n'est pas un abandon, mais une reconstruction.

Le Maître Architecte est à l'œuvre. Il sait exactement ce qu'Il fait. Et ce qu'Il bâtira sur les ruines de tes plans sera plus glorieux que tout ce que tu aurais pu imaginer. Car comme le dit le prophète Ésaïe : « *Mes pensées ne sont pas vos pensées, et vos voies ne sont pas mes voies, dit l'Éternel. Autant les cieux sont élevés au-dessus de la terre, autant mes voies sont élevées au-dessus de vos voies, et mes pensées au-dessus de vos pensées.* » *(Ésaïe 55.8-9)*

Laisse-Le détruire Saul pour bâtir Paul. Laisse-Le briser Simon pour construire Pierre. Laisse-Le démolir Jacob pour élever Israël. Et dans ta propre histoire, laisse-Le démolir ton vieil homme pour reconstruire ta nouvelle création en Christ. Car à la fin, nous pourrons tous dire :

Si quelqu'un est en Christ, il est une nouvelle créature. Les choses anciennes sont passées ; voici, toutes choses sont devenues nouvelles. 2 Corinthiens 5.17

Chapitre 6

Le Site de Construction

Le chantier que Dieu a commencé, c'est ta vie tout entière, tes pensées, tes actions, tes relations, tes aspirations. Cependant, la fondation de cet édifice doit être établie dans un lieu précis et stratégique : ton cœur. Non pas le cœur physique qui bat dans ta poitrine, mais le centre spirituel de ton être, ce sanctuaire intime où se prennent les décisions, où naissent les motivations, où s'ancrent les convictions. Voilà pourquoi tu dois comprendre l'importance vitale de garder ton cœur avec une vigilance de tous les instants.

Un Coffre-Fort Spirituel

Considère un instant le comportement d'une personne possédant des objets de grande valeur. Placera-t-elle ses diamants dans un tiroir de cuisine ? Cachera-t-elle ses documents importants sous son matelas ? Certainement pas. Elle investira dans un coffre-fort, elle louera peut-être un coffre sécurisé à la banque, elle prendra toutes les mesures nécessaires pour protéger ce qui a du prix à ses yeux.

Cette analogie nous aide à saisir la logique spirituelle que Dieu attend de toi concernant ton cœur. Si tu reconnais la valeur infinie de ce que Dieu désire y déposer — Sa présence, Ses promesses, Sa vérité, Son caractère, c'est-à-dire Lui-même — alors tu dois le garder avec une diligence proportionnelle à ce trésor. Le sage nous exhorte avec urgence :

Garde ton cœur plus que toute autre chose, car de lui viennent les sources de la vie. Proverbes 4.23

Cette garde ne signifie pas fermer notre cœur au monde ou devenir insensibles, mais exercer un discernement saint sur ce qu'on y autorise à entrer et à prendre racine. C'est reconnaître que notre cœur est le terrain que Dieu cultive pour y faire croître Son royaume. La Bible nous donne un outil de diagnostic spirituel d'une précision remarquable :

Car là où est ton trésor, là aussi sera ton cœur. Matthieu 6.21

Ce verset opère comme un scanner, faisant apparaître les contours cachés de nos véritables priorités. Nous pouvons savoir où une personne a placé la sécurité de son cœur simplement en observant les aspirations qui l'animent et les désirs qui la conduisent.

Celui qui court inlassablement après l'argent, qui calcule constamment, qui mesure sa valeur à son compte en banque, démontre par ces comportements qu'il a placé sa sécurité ultime dans les richesses matérielles. Son cœur est dans son portefeuille, et quand celui-ci se vide, c'est son être entier qui vacille.

Celui qui met les relations au centre absolu de sa vie, qui ne peut prendre aucune décision sans consulter l'opinion d'autrui, qui tire toute sa valeur de l'approbation des autres, révèle que ce sont ces relations qui rédigent les plans de son existence. Son cœur est dans le regard d'autrui, et quand ce regard se détourne, c'est son identité même qui s'effondre.

Pour d'autres, ce sera la carrière qui occupe cette place centrale, l'avancement professionnel devient le prisme à travers lequel toute décision est évaluée. Pour certains, c'est le travail lui-même, l'activisme frénétique qui donne l'impression d'exister. Pour d'autres encore, c'est le ministère, avec le piège subtil de confondre le service de Dieu avec Dieu Lui-même. Pour beaucoup, c'est la famille ou les enfants qui deviennent des idoles déguisées en bénédictions.

Comprenons-nous bien : toutes ces choses, l'argent, les relations, la carrière, le travail, le ministère, la famille, les enfants, sont bonnes en elles-mêmes. Dieu nous les a données comme des dons précieux. Mais elles ne constituent en rien le lieu secret, le coffre-fort divin où nous devons placer notre confiance ultime, placer notre cœur. Lorsqu'elles occupent cette place, elles deviennent des fondations de sable qui s'effritent inévitablement.

Selon le critère de Matthieu 7, une personne qui bâtit sa vie sur de telles fondations devrait être considérée comme insensée, non par mépris, mais par constat objectif. Et je dois confesser avec humilité qu'il fut un temps où j'appartenais pleinement à cette catégorie. J'avais construit toute ma sécurité sur des piliers qui me semblaient solides mais qui n'étaient que du vent, de la paille, pire de la poussière. Jusqu'à ce jour béni où le Seigneur m'ouvre les yeux sur la nature fragile de mes appuis, où Il me révèle la vanité de mes fondations choisies.

Qui Est Ton Appui ?

Le Psaume 20 nous dit : « *Ceux-ci s'appuient sur leurs chars, ceux-là sur leurs chevaux ; nous, nous invoquons le nom de l'Éternel, notre Dieu. Eux, ils plient, et ils tombent ; nous, nous tenons ferme, et restons debout.* » *(Psaumes 20.8-9)*

À l'époque de David, les chars et les chevaux représentaient la technologie militaire de pointe, l'assurance de la victoire, le symbole de la puissance nationale. Posséder une cavalerie imposante et des chars de guerre sophistiqués équivalait à détenir une force de dissuasion comparable à notre arsenal nucléaire moderne. Les nations investissaient des fortunes colossales dans ces instruments de guerre, convaincues qu'ils constituaient leur meilleure garantie de survie.

Pourtant, David annonce une distinction radicale : "Eux" contre "nous". "Eux" s'appuient sur leurs technologies, leurs stratégies humaines, leurs ressources visibles. "Nous" invoquons le nom de l'Éternel. Et le résultat ? "Eux" plient et tombent ; "nous" tenons ferme et restons debout. L'histoire d'Israël témoigne abondamment de cette vérité : chaque fois que la nation s'est appuyée sur ses alliances politiques ou sa force militaire plutôt que sur Dieu, elle a connu la défaite. Chaque fois qu'elle s'est confiée en l'Éternel, même avec des moyens dérisoires, elle a connu la victoire. Cette dynamique spirituelle n'a pas changé. Nos "chars et chevaux" modernes portent différents noms : nos diplômes, notre réseau professionnel, nos compétences, notre santé, notre intelligence, nos plans soigneusement élaborés. Tout cela est bon et utile, mais devient toxique dès l'instant où tu y places ta confiance, donc ton cœur.

Les personnes véritablement sages sont celles qui décident, jour après jour, dans les petites comme dans les grandes décisions, de placer leur confiance et leur appui dans le Seigneur. Le Psaume 105 nous exhorte :

Ayez recours à l'Éternel et à son appui, cherchez continuellement sa face ! Psaumes 105.4

Son "appui" désigne Sa puissance, Sa force, Sa capacité infinie d'agir. Ce n'est pas une béquille ou un réconfort psychologique. C'est l'accès à la puissance même qui a créé l'univers, qui a ouvert la mer Rouge, qui a ressuscité le corps inanimé de Christ d'entre les morts. Celui qui recherche ardemment la Présence et l'Appui de Dieu n'est pas en train de fuir la réalité ou de s'évader dans une spiritualité déconnectée. Au contraire, il est en train d'être solidement bâti par le Seigneur sur la seule fondation qui ne peut être ébranlée.

Edifice n°6 : Marie de Magdala, de la séduction à l'évangélisation

L'histoire de Marie de Magdala illustre de manière éclatante cette œuvre de reconstruction divine. Les Évangiles nous présentent une femme dont la réputation était entachée, une existence marquée par le péché et l'oppression démoniaque. C'était une femme de très mauvaise vie, pas du tout fréquentable selon les standards de la société juive de l'époque, une paria sociale que les religieux évitaient soigneusement.

Puis survient la rencontre qui change tout : elle croise la route du Messie, Jésus de Nazareth. Les Écritures rapportent que le Seigneur la délivrera de sept démons *(Luc 8.2)*. Sept — le chiffre de la plénitude — suggérant une oppression complète, totale, envahissante. Cette femme était captive non seulement de ses péchés mais aussi de forces spirituelles qui la maintenaient dans les ténèbres. La libération qu'elle expérimente n'est pas partielle ou temporaire. C'est une délivrance radicale, une transformation complète qui lui donne littéralement un nouveau départ dans la vie.

Selon certains historiens, Marie de Magdala serait cette femme pécheresse que les hommes ont exposée à Jésus pour qu'elle soit lapidée. Quelle honte ! Elle a été dénoncée sur la place publique, attrapée en flagrant délit d'adultère, une femme jugée répugnante, bonne pour la lapidation. Mais le Seigneur Jésus l'a non seulement protégée, Il l'a aussi pardonnée et lui a accordé un nouveau départ. *« Et Jésus lui dit : Je ne te condamne pas non plus : va, et ne pèche plus. » (Jean 8.11)*

Sa réponse à cette grâce reçue se manifeste dans une scène bouleversante : elle vient répandre un parfum de grande valeur aux pieds de Jésus, essuyant ses pieds mouillés par ses larmes de repentance avec ses cheveux et les couvrant de baisers *(Luc 7.36-50)*. Beaucoup se sont arrêtés à la dimension matérielle de ce geste, le coût élevé du parfum, le "gaspillage" dénoncé par Judas. Mais discernons plus profondément : elle n'a pas simplement répandu un parfum. Cette scène physique était la manifestation visible d'une réalité spirituelle bien plus profonde. Spirituellement, c'est son cœur qu'elle a répandu aux pieds du Maître.

Répandre ne signifie pas simplement "faire couler" ou "verser avec soin". Répandre implique un écoulement sans possibilité de récupération. Si je verse de l'eau dans un verre, je peux la récupérer. Mais si je répands de l'eau sur la terre, elle s'infiltre, elle disparaît, elle devient irrécupérable. Marie a répandu un parfum d'une valeur considérable – l'équivalent d'une année de salaire selon certains commentateurs – sachant parfaitement qu'elle ne pourrait jamais le récupérer.
Ce geste irréversible symbolisait l'abandon total de son cœur. Elle a répandu son cœur aux pieds de Celui qui pouvait achever l'œuvre qu'Il avait commencée en elle, cette double œuvre de destruction-construction. Destruction de l'ancienne Marie, esclave du péché et des démons. Construction de la nouvelle Marie, libérée, restaurée, transformée. Paul écrira plus tard aux Éphésiens des paroles qui s'appliquent parfaitement à cette réalité : « *Or, à celui qui peut faire, par la puissance qui agit en nous, infiniment au-delà de tout ce que nous demandons ou pensons…* » *(Éphésiens 3.20)*

Cette puissance agit "en nous". Où exactement ? Depuis notre esprit régénéré, cette puissance doit transpercer notre cœur, jaillir dans nos cœurs comme une source intarissable, remplir progressivement nos cœurs jusqu'à en irradier chaque recoin, jusqu'à ce que cette transformation intérieure devienne manifeste extérieurement. Le Psaume 46 évoque cette image puissante du fleuve : « *Il est un fleuve dont les courants réjouissent la cité de Dieu, le sanctuaire des demeures du Très-Haut. » (Psaumes 46.5)*

Si ce fleuve divin coule en nous, alors la vie coule. Si la vie coule, tout ce qui était mort, desséché, stérile va reprendre vie et reverdir pour la gloire de Dieu. C'est exactement ce qui s'est produit dans le cœur de Marie de Magdala.

Ézéchiel prophétise avec précision cette réalité dans sa vision du temple :

Il me dit : Cette eau coulera vers le district oriental, descendra dans la plaine, et entrera dans la mer ; lorsqu'elle se sera jetée dans la mer, les eaux de la mer deviendront saines. Tout être vivant qui se meut vivra partout où le torrent coulera, et il y aura une grande quantité de poissons ; car là où cette eau arrivera, les eaux deviendront saines, et tout vivra partout où parviendra le torrent… Sur le torrent, sur ses bords de chaque côté, croîtront toutes sortes d'arbres fruitiers. Leur feuillage ne se flétrira point, et leurs fruits n'auront point de fin, ils mûriront tous les mois, parce que les eaux sortiront du sanctuaire. Leurs fruits serviront de nourriture, et leurs feuilles de remède. Ézéchiel 47.8-9, 12

Cette eau qui sort du sanctuaire – image de la présence de Dieu coulant depuis notre esprit vers notre cœur puis vers toute notre vie – possède un pouvoir vivifiant absolu. Elle transforme l'eau morte de la mer Morte en eau saine. Elle fait proliférer la vie là où régnait la mort. Elle produit des arbres fruitiers perpétuels dont même les feuilles ont un pouvoir de guérison.

Marie de Magdala incarne parfaitement cette transformation. Cette femme qui autrefois attirait les hommes vers la mort spirituelle et morale est devenue la première évangéliste à annoncer la résurrection du Christ. Alors que les apôtres se terraient dans la peur, c'est à elle que Jésus apparaît en premier après Sa résurrection. C'est elle qu'Il charge d'aller annoncer la nouvelle aux disciples : *« Va trouver mes frères, et dis-leur que je monte vers mon Père et votre Père, vers mon Dieu et votre Dieu. » (Jean 20.17)*

Méditons sur l'ironie glorieuse de cette situation : la femme que la société juive considérait comme impure, dont le témoignage n'avait aucune valeur légale selon les normes de l'époque, devient le premier témoin de l'événement le plus important de l'histoire humaine. Le Seigneur a détruit son business de prostitution, Il a anéanti son ancienne image sur la place publique, non pour l'humilier mais pour en faire une puissante évangéliste, un canal de vie là où elle n'avait été qu'un instrument de mort.

Le Seigneur est capable de faire ce genre de chose. Il en fera de même dans nos vies, encore et encore, si nous acceptons le processus – ce processus souvent douloureux où Il doit détruire ce que nous avons construit sur de mauvaises fondations avant de pouvoir édifier quelque chose de solide et d'éternel.

Edifice n°7 : Rahab, la prostituée devient l'aïeule du Messie

L'histoire de Rahab offre un autre témoignage puissant de cette capacité divine à transformer radicalement une destinée. Comment cette femme, prostituée notoire de Jéricho, cité païenne vouée à la destruction, est-elle devenue une aïeule du Messie Lui-même ? Comment son nom figure-t-il dans la généalogie de Jésus-Christ *(Matthieu 1.5)* ?

Le Seigneur est passé par une circonstance particulière : la destruction de son peuple et de sa cité, pour lui permettre de collaborer avec les espions israélites. En cachant ces éclaireurs et en facilitant leur évasion, en confessant sa foi naissante dans le Dieu d'Israël, Rahab scelle non seulement sa propre survie mais change radicalement la trajectoire de sa lignée *(Josué 2).* Le livre de Josué nous rapporte ses paroles remarquables aux espions :

L'Éternel, votre Dieu, est Dieu en haut dans les cieux et en bas sur la terre. Josué 2.11

Cette confession de foi, dans la bouche d'une prostituée païenne, révèle une compréhension spirituelle qui dépasse celle de nombreux Israélites de l'époque. Elle a reconnu l'autorité suprême de l'Eternel non par héritage culturel ou formation religieuse, mais par révélation divine. Et le résultat ? Elle qui n'était qu'un corps que les hommes utilisaient et négligeaient, une marchandise dans un commerce immonde, est devenue une femme d'importance capitale dans les plans du Seigneur. Non seulement elle survivra à la destruction de Jéricho, mais elle épousera Salmon, un prince de Juda. De cette union naîtra Boaz, qui épousera Ruth, dont naîtra Obed, père de Jessé, père de David, de la lignée duquel sortira, des siècles plus tard, Jésus-Christ.

C'est par la foi que Rahab la prostituée ne périt pas avec les rebelles, parce qu'elle avait reçu les espions avec bienveillance. Hébreux 11.31

Jacques la mentionne comme un exemple de foi authentique démontrée par les œuvres :

Rahab la prostituée ne fut-elle pas également justifiée par les œuvres, lorsqu'elle reçut les messagers et qu'elle les fit partir par un autre chemin ? Jacques 2.25

Tout est possible avec Dieu. Les circonstances les plus désespérées peuvent devenir des portes d'entrée vers un destin glorieux. Les passés les plus sombres peuvent être rachetés et transformés en témoignages éclatants de la grâce. Les personnes les plus improbables peuvent devenir des instruments choisis dans les mains du Potier divin.

Recevoir le Cœur de Dieu

Malgré sa condition, sa vie, son histoire, Rahab avait une disposition de cœur. Je crois que derrière ce caractère « impudique » se cachait un désir profond : rencontrer le seul capable de transformer les vies. Bien qu'elle ait pris des risques pour sauver les Hébreux, en vérité elle a pris des risques pour garder ce qu'elle croyait au plus profond d'elle-même, cette confession : « *L'Éternel votre Dieu, est Dieu* ». Lorsque l'occasion lui a été présentée, elle n'a laissé aucune circonstance l'empêcher de vivre cette transformation. Elle a gardé son cœur de la peur et du « qu'en dira-t-on ». Pour toi aujourd'hui, comprendre l'importance de garder ton cœur te conduit naturellement à une question plus profonde : que dois-tu garder exactement ? Il ne suffit pas de protéger ton cœur des influences néfastes. Tu dois activement garder et y cultiver quelque chose de précis : **le cœur de Dieu**.

C'est là l'œuvre la plus profonde et la plus mystérieuse du Saint-Esprit en toi. Dieu ne se contente pas de te donner des commandements à obéir extérieurement. Il ne se satisfait pas d'une conformité superficielle à des règles morales. Son projet est infiniment plus ambitieux : te communiquer Son propre cœur, greffer en toi Ses propres désirs, Ses propres valeurs, Ses propres priorités. Ézéchiel prophétise cette réalité :

Je vous donnerai un cœur nouveau, et je mettrai en vous un esprit nouveau ; j'ôterai de votre corps le cœur de pierre, et je vous donnerai un cœur de chair. Je mettrai mon Esprit en vous, et je ferai en sorte que vous suiviez mes ordonnances, et que vous observiez et pratiquiez mes lois. Ézéchiel 36.26-27

Observons attentivement ce texte : d'abord, l'extraction du cœur de pierre – dur, insensible, imperméable. Ensuite, l'implantation d'un cœur de chair – vivant, sensible, réceptif. Puis la mise en place de l'Esprit de Dieu lui-même en nous. Et enfin, le résultat : non pas une obéissance forcée ou mécanique, mais un alignement naturel avec la volonté divine. Nous "suivrons" ses ordonnances parce que nos désirs auront été transformés pour correspondre aux siens. C'est un processus de greffe spirituelle.

Dans l'horticulture, greffer, c'est aussi transplanter une jeune pousse dans une nouvelle terre, afin qu'elle prenne racine et se développe comme un nouvel arbre. On prend une portion vivante d'une plante, on la place dans un environnement favorable et, avec le temps, elle s'enracine, croît, devient un arbre autonome – porteur de vie et de potentiel.

De manière similaire, Dieu greffe des portions de son propre cœur en nous. Cette greffe ne se fait pas d'un coup, instantanément. C'est un processus progressif, une série d'interventions divines à travers les saisons de notre vie. Chaque épreuve traversée par la foi, chaque moment de proximité dans la louange ou la prière, chaque acte d'obéissance coûteux, chaque pardon accordé alors que la blessure est encore vive – autant d'occasions que Dieu saisit pour greffer en nous des portions supplémentaires de son cœur.

Edifice n°8 : David, une histoire de cœur

David, malgré ses échecs et ses péchés, pouvait être appelé *"un homme selon le cœur de Dieu" (1 Samuel 13.14, Actes 13.22).* Non parce qu'il était parfait, son adultère avec Bath-Schéba et le meurtre d'Urie démontrent le contraire, mais parce que le désir profond de son cœur était aligné avec celui de Dieu. Quand Nathan le prophète confronte David à son péché, le roi ne se justifie pas, ne minimise pas, ne rejette pas la faute sur les circonstances. Il s'écrie : *"J'ai péché contre l'Éternel !" (2 Samuel 12.13).* Le Psaume 51, né de ce moment de repentance, révèle un homme dont le cœur brisé cherche avant tout la restauration de sa relation avec Dieu :

Ô Dieu ! crée en moi un cœur pur, renouvelle en moi un esprit bien disposé. Psaume 51.12

Cette prière de David devrait vraiment être la nôtre, chaque jour : *"Crée en moi un cœur pur."*

Vous voyez, David ne dit pas "aide-moi à nettoyer mon cœur" ou "donne-moi la force de devenir meilleur". Non, il dit "crée". C'est un mot puissant. Le même verbe utilisé dans la Genèse quand Dieu a créé le monde à partir de rien. David demande à Dieu de faire quelque chose que lui ne peut tout simplement pas faire seul. Il reconnaît d'emblée son incapacité totale.

Et quand on parle du cœur ici, ce n'est pas l'organe qui bat dans notre poitrine. En grec, le mot c'est *"kardia"* – le centre de la vie. Le centre de tout ce que nous sommes : nos pensées, nos désirs, nos motivations, nos choix. Le quartier général de notre être, le lieu secret d'où émergent nos actions, nos paroles, nos réactions les plus spontanées. Alors quand David demande à Dieu de créer en lui un cœur pur, il ne demande pas un simple ajustement superficiel. Il demande une transformation au niveau le plus profond de son existence. Une destruction du mauvais cœur, et la construction d'un nouveau cœur.

Combien de fois avons-nous essayé de nous changer nous-mêmes ? Combien de résolutions prises au début d'une nouvelle année, de promesses faites après un échec cuisant, d'efforts sincères qui finissent par s'épuiser ? On veut être patients, mais on s'énerve pour un rien. On veut être généreux, mais on reste égoïstes. On veut pardonner, mais on rumine les mêmes offenses, encore et encore. Ce n'est pas par manque de volonté – Dieu sait que nous essayons, parfois désespérément. C'est simplement que certaines transformations dépassent nos capacités naturelles. Parce que c'est au niveau du *kardia*, du centre même de notre vie, que le changement doit s'opérer. Et à ce niveau-là, seul le Créateur possède les clés.

David l'avait compris. Il ne demande pas une rénovation, un coup de peinture. Il demande une création, une intervention divine qui touche le centre même de son être, de sa vie. Parce qu'un cœur vraiment pur, ce n'est pas juste un cœur qui fait des efforts. C'est un cœur transformé de l'intérieur, renouvelé par la puissance de Dieu. Un cœur qui ne se contente pas de singer la bonté, mais qui l'incarne parce que sa nature profonde a été changée. Et c'est là toute la beauté de cette prière : elle nous libère. Elle nous libère de l'illusion que nous devons tout accomplir par nous-mêmes, que nous devons être des super-héros spirituels. Elle nous rappelle que la vie chrétienne n'est pas d'abord une question de performance, mais de dépendance. Une dépendance envers Celui qui peut vraiment nous transformer. Non pas parce que nous l'avons mérité, mais parce qu'il en a fait sa mission.

Alors oui, faisons nôtre cette prière. Quotidiennement. Avec la même humilité que David, sans fausse honte ni orgueil déplacé. Parce que reconnaître notre incapacité, ce n'est pas de la faiblesse – c'est le premier pas lucide, nécessaire, vers une vraie transformation. Dieu, dans sa sagesse et sa souveraineté, orchestre des occasions spécifiques dans nos vies pour greffer en nous des aspects particuliers de son cœur. Ces moments ne sont jamais aléatoires, même s'ils peuvent nous sembler chaotiques ou injustes sur le moment. Ils sont stratégiquement conçus pour notre croissance spirituelle. Chaque saison a son intention divine, chaque épreuve porte en elle une greffe potentielle.

Parfois, Dieu permet une saison de désert. Sécheresse spirituelle, absence de fruits visibles, sentiment troublant d'éloignement. Ces périodes arides ne sont pas là pour nous punir, mais pour greffer en nous son cœur de persévérance et de foi inébranlable malgré l'absence de signes extérieurs rassurants. Israël a passé quarante ans dans le désert non par châtiment, mais pour apprendre la dépendance totale envers Dieu – pour découvrir que la manne tombait chaque matin, fidèlement, même quand rien d'autre ne poussait dans le sable. Moïse l'explique ainsi :

Souviens-toi de tout le chemin que l'Éternel, ton Dieu, t'a fait faire pendant ces quarante années dans le désert, afin de t'humilier et de t'éprouver, pour savoir quelles étaient ***les dispositions de ton cœur*** *et si tu garderais ou non ses commandements. Deutéronome 8.2*

D'autres fois, Dieu permet une saison d'échec ou d'humiliation. Un projet qui s'effondre malgré tous nos efforts, une relation qui se brise douloureusement, une réputation qui se ternit sans que nous puissions la défendre. Ces moments ne sont pas des accidents divins, mais des occasions soigneusement orchestrées pour greffer en nous son cœur d'humilité et de dépendance.

Pierre devait passer par le reniement de Christ pour que soit brisée sa confiance en sa propre force. Le Pierre présomptueux qui déclarait avec assurance : "*Quand tous seraient scandalisés, je ne serai pas scandalisé*" devait mourir pour que naisse le Pierre humble qui écrira plus tard : *Revêtez-vous tous d'humilité dans vos rapports mutuels ; car Dieu résiste aux orgueilleux, mais il fait grâce aux humbles. 1 Pierre 5.5*

Parfois encore, Dieu permet une saison de perte, un être cher qui nous quitte, une santé qui décline, des ressources qui disparaissent, pour greffer en nous Son cœur de compassion envers ceux qui souffrent et pour déplacer notre confiance vers le Donateur. Job, dépouillé de tout, découvre une intimité avec Dieu qu'il n'avait jamais connue dans la prospérité. À la fin de son épreuve, il peut déclarer : *« Mon oreille avait entendu parler de toi ; mais maintenant mon œil t'a vu. » Job 42.5*

Dieu peut également permettre des saisons d'opposition ou de persécution, des critiques injustes, des trahisons, des rejets, pour greffer en nous Son cœur de pardon et d'amour inconditionnel pour nos ennemis. Étienne, lapidé par une foule en furie, manifeste ce cœur divin quand il s'écrie dans ses derniers instants : *"Seigneur, ne leur impute pas ce péché !" (Actes 7.60)*. Ces paroles font écho à celles du Christ sur la croix : *"Père, pardonne-leur, car ils ne savent ce qu'ils font" (Luc 23.34).*

Il y a aussi des saisons de retard ou d'attente prolongée. Des prières qui semblent rester sans réponse, des promesses dont l'accomplissement tarde inexplicablement. Ces périodes greffent en nous son cœur de patience et de confiance dans son timing parfait. Abraham a attendu vingt-cinq ans entre la promesse d'un fils et la naissance d'Isaac. Joseph a passé treize ans entre ses rêves prophétiques et leur accomplissement. Ces attentes n'étaient pas des temps perdus mais des périodes de formation intensive où Dieu façonnait leur caractère pour qu'il corresponde à leur destinée.

Paul écrit : *"Car ceux qu'il a connus d'avance, il les a aussi prédestinés à être semblables à l'image de son Fils" (Romains*

8.29). Cette conformité à l'image du Christ est l'objectif ultime de toutes les circonstances que Dieu permet dans nos vies.

Edifice n°9 : Double destruction pour Élie

Élie était un grand prophète en Israël, un homme qui avait accompli des miracles extraordinaires. Par la puissance de Dieu, il avait fait tomber le feu du ciel face aux prophètes de Baal, ramenant beaucoup d'enfants d'Israël à leur Dieu. Pourtant, derrière cette façade de puissance spirituelle, Élie portait en lui des schémas de pensée qui fonctionnaient comme des forteresses, des structures mentales qui entravaient sa marche avec Dieu sans qu'il en soit pleinement conscient.

Les Forteresses Mentales d'Élie

La première de ces forteresses était son sentiment d'être le seul consacré en Israël. Dans son découragement, Élie avait crié à Dieu : « *Je suis resté seul, et ils cherchent à m'ôter la vie* » (1 Rois 19.10). Il se voyait comme l'unique défenseur de la foi, isolé dans son combat, abandonné de tous. Mais Dieu lui répondit avec une vérité qui devait briser cette forteresse : « *Je me suis réservé sept mille hommes qui n'ont point fléchi le genou devant Baal* » *(1 Rois 19.18).* Cette opposition entre la perception d'Élie et la réalité divine révélait l'ampleur de son erreur. Il n'était pas seul. Il ne l'avait jamais été. Il y avait en vérité beaucoup plus de personne réservée par Dieu que de prophète de Baal. Dieu avait simplement décidé de se servir d'Élie pour ramener son peuple à Lui.

Le second schéma erroné d'Élie était sa conviction que Dieu ne pouvait se manifester que dans la puissance spectaculaire. Habitué aux démonstrations éclatantes de la gloire divine, il avait enfermé Dieu dans une boîte, limitant Sa présence aux moments de feu, de tonnerre et de prodiges visibles.

C'est pourquoi, lorsque Dieu voulut le rencontrer au mont Horeb, Il fit défiler devant lui tous les phénomènes de puissance auxquels Élie s'attendait. Un vent violent, un tremblement de terre, puis un feu. Mais l'Éternel n'était dans aucun d'eux. Et après le feu, il y eut un murmure doux et léger — et c'est là que Dieu se trouvait. Élie n'était pas habitué à cela. Cette révélation bouleversait tout ce qu'il croyait savoir sur la manière dont Dieu opérait.

Dieu devait déconstruire ces schémas de pensée pour pouvoir ensuite rétablir Élie dans son appel. C'était la seule façon pour qu'il puisse accomplir ce qui restait de sa mission : oindre Hazaël, oindre Jéhu, et surtout appeler Élisée à ses côtés.

On pouvait observer les ravages de ces forteresses mentales. Lorsqu'il avait demandé la mort, Élie était en pleine dépression. Jézabel voulait le tuer, et c'était comme si toute la puissance manifestée sur le mont Carmel n'était plus suffisante. La menace d'une femme avait éclipsé la victoire contre 450 prophètes de Baal. Il avait fui, épuisé, découragé, et s'était retrouvé sous un genêt dans le désert, suppliant Dieu de lui ôter la vie. Ces limitations mentales l'avaient poussé à demander la mort, l'arrêt de son ministère, et même à perdre foi en son Dieu.

Le Processus de Restauration

Mais ce qui l'avait sauvé révélait la sagesse et la tendresse de Dieu dans son processus de restauration. Dieu avait procédé en plusieurs étapes.

Premièrement, il lui avait donné le repos du corps. Par deux fois, un ange était venu le toucher, lui ordonnant de manger et de dormir. Le repos physique n'était pas un luxe mais une nécessité vitale. Dieu comprenait que dans la dépression profonde que traversait Élie, l'épuisement du corps amplifiait le désespoir de l'âme. Un esprit troublé dans un corps épuisé ne peut trouver la clarté nécessaire pour discerner la voix de Dieu. La fatigue déforme nos perceptions, grossit nos peurs et obscurcit notre jugement.

L'Écriture nous enseigne que *« un cœur joyeux est un bon remède, mais un esprit abattu dessèche les os » (Proverbes 17.22)*. L'esprit d'Élie était précisément dans cet état : desséché par la tristesse, rongé par la solitude, écrasé par la dépression. Son âme abattue avait littéralement asséché ses os, vidé son corps de toute énergie vitale. Lorsque l'esprit est dans une telle détresse, le corps en porte inévitablement les conséquences. C'est pourquoi son corps avait désormais un besoin urgent de force, de restauration physique pour espérer une guérison de l'âme.

C'est pourquoi Dieu, dans sa sagesse, commença la restauration d'Élie non par un sermon ou une réprimande, mais par le sommeil et la nourriture. Il respectait les limites de son serviteur, reconnaissant que l'esprit ne pouvait être restauré si le corps restait brisé par l'épuisement. Avant toute révélation spirituelle, avant toute confrontation avec ses forteresses mentales, Élie devait retrouver des forces physiques. Car on ne peut affronter ses ténèbres intérieures quand le corps lui-même vacille. Cela signifie que pour nous aussi, le repos du corps est important, d'ailleurs lorsque nous allons en retraite il est important de prier, d'adorer, de méditer et aussi de se reposer, car c'est dans le calme est le repos que se trouve notre salut.

Deuxièmement, Dieu lui avait donné une nourriture spirituelle pour le maintenir – un pain et de l'eau qui n'étaient pas ordinaires. Ce repas portait en lui une dimension prophétique, une préfiguration de la Sainte-Cène. Tout comme les enfants d'Israël avaient été nourris de la manne dans le désert, Élie recevait ici un aliment céleste qui dépassait la simple subsistance physique. Ce pain cuit sur des pierres chaudes, apporté par un messager divin, annonçait déjà ce Pain de Vie qui descendrait du ciel pour donner la force aux âmes épuisées. Élie devait se revigorer par une nourriture surnaturelle pour pouvoir marcher dans ce qui l'attendait. Cet aliment spirituel devait le requinquer non seulement dans son corps, mais aussi dans les profondeurs de son être, lui rappelant que Dieu lui-même était sa source, sa provision et sa force pour le chemin à venir.

Troisièmement, Dieu l'avait fait marcher jusqu'au mont Horeb, ce lieu chargé d'histoire où Moïse lui-même avait rencontré l'Éternel. Ce voyage de quarante jours et quarante nuits n'était pas une fuite, mais un pèlerinage vers la transformation. Dieu l'amenait à un niveau de rencontre où il percevrait, non pas d'abord qui était Dieu, mais d'abord qui il était lui-même.

Car c'est en allant à la rencontre de Dieu que nous pouvons voir qui nous sommes réellement, nos défaillances, nos manquements, nos erreurs, nos forteresses aussi. Dieu montrait à Élie que c'était dans sa présence, au mont Horeb, que cette révélation deviendrait possible. Et là, dans cette caverne, Dieu lui posa une question importante, une question qui résonnait au plus profond de son âme : « *Que fais-tu ici, Élie ?* » *(1 Rois 19.13).*

Cette question n'était pas un reproche mais une invitation à l'introspection. Dieu nous demande parfois ce que nous faisons là où nous nous trouvons. Pourquoi avons-nous fui ? Qu'est-ce qui nous a conduits à cet endroit de découragement ou de désespoir ? En revenant dans Sa présence, nous découvrons les réponses que nous portions déjà en nous sans oser les affronter.

Élie devait comprendre que sa valeur ne résidait pas dans sa solitude héroïque ni dans les manifestations spectaculaires de puissance, mais dans sa relation avec un Dieu qui parlait aussi dans le murmure doux et léger. Un Dieu qui avait préservé sept mille fidèles et ne l'avait jamais abandonné, même quand lui-même voulait abandonner.

C'est seulement après cette déconstruction qu'Élie pouvait être véritablement reconstruit pour accomplir le reste de sa mission.

Chapitre 7

Jusqu'à ce que

Le processus de construction dont nous parlons n'est pas un projet humain que nous pourrions accélérer par notre zèle ou nos efforts. C'est l'œuvre de Dieu en nous, et elle a un terme défini : le jour où Christ sera pleinement formé en nous. Paul utilise cette image remarquable en écrivant aux Galates : *« Mes enfants, pour qui j'éprouve de nouveau les douleurs de l'enfantement, jusqu'à ce que Christ soit formé en vous. » Galates 4.19*

Comme une mère qui porte un enfant jusqu'à terme, Paul "travaille" spirituellement pour les croyants jusqu'à ce que Christ soit complètement formé en eux. Cette formation n'est pas instantanée. Elle requiert du temps, de la patience, et souvent de la douleur, les "douleurs de l'enfantement". Ailleurs, Paul affirme avec confiance : *"Je suis persuadé que celui qui a commencé en vous cette bonne œuvre la rendra parfaite pour le jour de Jésus-Christ" (Philippiens 1.6).* Dieu ne laisse pas Ses projets inachevés. Le chantier ouvert dans notre vie sera mené à son terme. La question n'est pas "si" mais "quand" et "comment" nous collaborons avec Lui dans ce processus.

La phase de démolition : Dieu doit d'abord détruire ce que nous avons mal construit. Nos fausses identités, nos mécanismes de défense malsains, nos stratégies d'autopréservation qui excluent sa présence, nos idoles cachées, tout cela doit être démoli. Cette phase est souvent la plus douloureuse, non par cruauté divine, mais parce qu'elle implique la perte de ce qui nous était familier. Même si cela nous nuisait, c'était notre terrain connu, notre refuge bancal mais rassurant.

La phase d'excavation : Une fois la démolition effectuée, Dieu creuse jusqu'au roc solide. Il descend sous les couches superficielles de notre personnalité pour atteindre le fondement véritable de notre être. Cette phase peut révéler des blessures anciennes, des mensonges intériorisés depuis l'enfance, des traumatismes enfouis que nous pensions disparus. C'est un travail d'archéologie spirituelle où Dieu met délicatement au jour ce qui doit être guéri pour que la fondation soit saine. Il ne se contente pas de construire sur des décombres – il veut bâtir sur du solide.

La phase de fondation : C'est ici que Dieu établit Christ comme pierre angulaire et fondement de notre vie. Cette phase est cruciale car tout ce qui sera construit par la suite reposera sur cette base. Il ne s'agit plus de bâtir sur nos propres certitudes, nos accomplissements ou notre héritage familial. Il s'agit de poser Christ lui-même comme socle inébranlable, la seule fondation capable de supporter le poids de ce que Dieu veut bâtir en nous.
Paul écrit : « *Car personne ne peut poser un autre fondement que celui qui a été posé, savoir Jésus-Christ.* » *(1 Corinthiens 3.11)*

Cette fondation n'est pas une doctrine abstraite mais une relation vivante avec Christ, une union où nos racines plongent profondément dans son amour. Pas un système de croyances à mémoriser, mais une communion quotidienne à cultiver. Pas une théologie à maîtriser, mais une présence à accueillir. C'est dans cette connexion vitale que nous puisons la sève qui nous fait vivre et croître.

La phase de construction : Pierre après pierre, ligne après ligne, Dieu construit le caractère de Christ en nous. Les fruits de l'Esprit – amour, joie, paix, patience, bonté, bénignité, fidélité, douceur, tempérance *(Galates 5.22-23)* – sont les matériaux de cette construction. Chaque vertu intégrée, chaque pensée captive amenée à l'obéissance du Christ *(2 Corinthiens 10.5)*, chaque habitude transformée représente une pierre supplémentaire dans l'édifice. Dieu forme en nous l'obéissance, la fidélité, la soumission etc.

La phase de finition : Dieu ajoute les touches finales, les détails qui révèlent Sa maîtrise artistique. Ce sont les charismes particuliers qu'Il nous accorde, l'appel spécifique qu'Il dépose en nous, les aspects uniques de notre personnalité qu'Il met à part et utilise pour Sa gloire. Nous ne devenons pas tous des copies identiques; nous devenons plutôt des expressions uniques du caractère multiforme du Christ.

La phase de gloire : Le chantier sera finalement achevé lors de la résurrection, quand notre corps mortel revêtira l'immortalité et que notre transformation sera complète. Jean affirme :

Bien-aimés, nous sommes maintenant enfants de Dieu, et ce que nous serons n'a pas encore été manifesté ; mais nous savons que, lorsque cela sera manifesté, nous serons semblables à lui, parce que nous le verrons tel qu'il est. 1 Jean 3.2

Les Signes d'un Cœur en Construction

Comment savoir si ce processus de greffe et de construction progresse réellement en nous ? Plusieurs signes peuvent confirmer que Dieu travaille effectivement à greffer Son cœur dans le nôtre.

Un désir croissant de la présence de Dieu : Lorsque le cœur de Dieu est greffé en nous, nous développons une soif pour Sa présence qui dépasse le devoir religieux. Ce n'est plus seulement "je dois prier" mais "je désire ardemment prier". C'est une forte passion de rencontrer Dieu, un désir profond et quotidien. Le psalmiste exprime cet état : *Comme une biche soupire après des courants d'eau, ainsi mon âme soupire après toi, ô Dieu ! Mon âme a soif de Dieu, du Dieu vivant. Psaume 42.2-3*

Un amour pour la Parole de Dieu : Ce qui était peut-être perçu comme un devoir fastidieux devient une nourriture désirée. Le psalmiste s'exclame : *"Combien j'aime ta loi ! Elle est tout le jour l'objet de ma méditation" (Psaume 119.97)*. La Parole n'est plus un texte ancien à étudier mais la voix vivante du Bien-Aimé parlant à notre cœur. La Parole de Dieu ne doit pas être lu, ni même seulement méditer mais manger :

Il me dit : Fils de l'homme, mange ce que tu trouves, mange ce rouleau, et va, parle à la maison d'Israël! Ezéchiel 3.1

Et j'allai vers l'ange, en lui disant de me donner le petit livre. Et il me dit: Prends-le, et avale-le; il sera amer à tes entrailles, mais dans ta bouche il sera doux comme du miel.
Apocalypse 10.9

Jésus répondit : Il est écrit: L'homme ne vivra pas de pain seulement, mais de toute parole qui sort de la bouche de Dieu. Matthieu 4.4

Une sensibilité au péché : Non pas une culpabilité morbide ou une conscience torturée, mais un véritable dégoût du péché, une sensibilité spirituelle qui nous fait haïr ce qui offense Dieu. Comme David dont le cœur battait fort après avoir simplement touché le pan du vêtement de Saül, nous développons une conscience affinée qui réagit instantanément au péché. C'est le signe d'un cœur transformé : cette capacité à discerner rapidement ce qui attriste l'Esprit, comme un enfant qui connaît intimement son père et perçoit aussitôt quand il l'a déçu. David priait :

Sonde-moi, ô Dieu, et connais mon cœur ! Éprouve-moi, et connais mes pensées ! Regarde si je suis sur une mauvaise voie, et conduis-moi sur la voie de l'éternité ! Psaume 139.23-24

Une liberté face aux opinions humaines : Quand notre sécurité est ancrée en Dieu et que Son approbation devient ce qui compte vraiment, l'emprise de l'opinion publique se relâche. Nous pouvons dire avec Paul :

Pour moi, il m'importe fort peu d'être jugé par vous, ou par un tribunal humain. Je ne me juge pas non plus moi-même… Celui qui me juge, c'est le Seigneur. 1 Corinthiens 4.3-4

Une capacité à pardonner l'impardonnable : Le pardon divin greffé en nous nous permet d'étendre la grâce à ceux qui nous ont profondément blessés. Non par déni de la douleur ou minimisation de l'offense, mais par participation à la nature divine. Joseph, après tout ce que ses frères lui avaient fait subir, peut leur dire : *"Vous aviez médité de me faire du mal : Dieu l'a changé en bien" (Genèse 50.20).*

Une paix qui défie la logique : Lorsque le cœur de Dieu habite en nous, nous expérimentons ce que Paul appelle *"la paix de Dieu, qui surpasse toute intelligence" (Philippiens 4.7).* C'est une paix qui demeure même quand les circonstances extérieures sont chaotiques, une paix enracinée non dans nos conditions de vie mais dans notre connexion avec Dieu.

Une compassion croissante pour les perdus et les souffrants : Le cœur de Dieu bat pour l'humanité égarée et blessée. Lorsque Son cœur est greffé en nous, nous commençons à ressentir Sa douleur face à la perdition et Sa compassion pour ceux qui souffrent. Jésus, voyant les foules, *"fut ému de compassion pour elles, parce qu'elles étaient languissantes et abattues, comme des brebis qui n'ont point de berger" (Matthieu 9.36).* Cette compassion devient nôtre.

Chapitre 8

Une Construction Réussie

Ce Qui Empêche la Construction

Si le processus de greffe est l'œuvre de Dieu, nous pouvons néanmoins y résister ou le ralentir considérablement. Plusieurs obstacles peuvent bloquer cette œuvre divine :

L'attachement aux anciennes fondations : Même quand Dieu démontre que nos appuis choisis sont fragiles, nous pouvons nous y cramponner par familiarité ou par peur de l'inconnu. C'est comme un homme qui refuse d'évacuer une maison condamnée parce que c'est "chez lui", même si les murs se fissurent et que les poutres menacent de céder. Il préfère le danger familier à la sécurité inconnue. Les Israélites dans le désert regrettaient les "marmites de viande" d'Égypte, oubliant commodément qu'elles venaient avec des chaînes d'esclavage. Ils nostalgisaient leur prison simplement parce qu'elle leur était familière *(Exode 16.3)*.

Le refus de la douleur : Toute greffe implique une incision, une blessure intentionnelle pour permettre l'insertion du greffon. Spirituellement, cela signifie accepter que Dieu permette ou même orchestre des circonstances douloureuses pour notre croissance. Vouloir un christianisme confortable, sans croix, sans renoncement, c'est refuser l'instrument même de notre transformation. Jésus est clair :

Si quelqu'un veut venir après moi, qu'il renonce à lui-même, qu'il se charge de sa croix, et qu'il me suive. Matthieu 16.24

La comparaison avec d'autres : Lorsque nous passons notre temps à mesurer notre progression par rapport à celle des autres, nous manquons les interventions spécifiques que Dieu prépare pour nous. Pierre, après sa restauration, pose une question sur le disciple Jean. Jésus répond fermement : *"Si je veux qu'il demeure jusqu'à ce que je vienne, que t'importe ? Toi, suis-moi" (Jean 21.22).* Chaque chantier est unique ; chaque greffe est personnalisée.

L'activisme : Paradoxalement, nous pouvons être si occupés à *"servir Dieu"* que nous ne Lui laissons aucun temps pour travailler en nous. Marthe s'affaire pendant que Marie choisit *"la bonne part"*, s'asseoir aux pieds de Jésus *(Luc 10.38-42).* Le faire doit découler de l'être ; le service doit jaillir de l'intimité. Sinon, nous devenons des activistes épuisés plutôt que des instruments remplis de la vie divine.

L'incrédulité : Même en professant la foi, nous pouvons secrètement douter que Dieu puisse vraiment transformer certains aspects de notre caractère ou certaines zones de notre vie. "Cette colère, c'est juste mon tempérament." "Cette addiction, elle fait partie de moi." "Cette blessure, elle est trop profonde." Cette incrédulité limite l'œuvre divine non par manque de puissance de sa part, mais par notre refus de recevoir. Nous fermons la porte que Dieu voudrait ouvrir, convaincus que certaines pièces de notre maison intérieure resteront à jamais dans l'obscurité. Jésus *"ne fit pas beaucoup de miracles"* dans Sa ville natale *"à cause de leur incrédulité" (Matthieu 13.58).*

Le désir de contrôler le processus : Nous voulons bien que Dieu nous transforme, mais selon notre calendrier et nos spécifications. Nous voudrions négocier les termes de la reconstruction : "Oui Seigneur, travaille sur ma patience, mais ne touche pas à ma carrière." "Oui, change mon cœur, mais laisse mes relations intactes." "Oui, purifie-moi, mais pas maintenant – après ce projet important." Or, Dieu est l'architecte, nous sommes l'argile qu'il façonne. L'argile ne dicte pas au potier la forme du vase. Elle ne négocie pas les contours, ne marchande pas l'épaisseur des parois. Elle se laisse toucher, pétrir, modeler par des mains qui savent exactement ce qu'elles créent. *(Ésaïe 64.8).*

Collaborer avec le Maître d'Œuvre

Si la transformation est l'œuvre de Dieu, cela ne signifie pas que nous soyons passifs. Nous sommes appelés à collaborer activement avec le Saint-Esprit dans ce processus. Comment ?

Par la méditation de la Parole : La Parole de Dieu est l'instrument principal qu'Il utilise pour transformer notre pensée et, par extension, notre cœur. Paul écrit :

Ne vous conformez pas au siècle présent, mais soyez transformés par le renouvellement de l'intelligence.
Romains 12.2

Cette transformation passe par une immersion régulière et méditative dans les Écritures. Non pas une lecture superficielle ou académique, mais une mastication lente, une rumination qui permet à la Parole de pénétrer dans les profondeurs de notre être.

Par la prière persévérante : La prière n'est pas seulement le moyen de présenter nos requêtes à Dieu ; c'est le contexte dans lequel Il nous transforme. Dans la prière, nous nous exposons à Sa présence, et c'est cette exposition qui nous change. Moïse passait tellement de temps en présence de Dieu que son visage en était transformé, rayonnant d'une gloire visible *(Exode 34.29-35)*. Notre transformation peut être moins spectaculaire extérieurement, mais elle est tout aussi réelle.

Par l'obéissance immédiate aux instructions du Saint-Esprit : Quand le Saint-Esprit illumine une zone de notre vie qui nécessite un changement, notre réponse rapide détermine la vitesse de notre progression. Retarder l'obéissance durcit progressivement notre cœur. Samuel déclare à Saül :

L'obéissance vaut mieux que les sacrifices, et l'observation de sa parole vaut mieux que la graisse des béliers. 1 Samuel 15.22

Par la communion fraternelle authentique : Nous ne sommes pas destinés à être transformés dans l'isolement. La croissance spirituelle se vit en relation. Dieu utilise les autres croyants pour nous refléter ce que nous ne voyons pas en nous-mêmes, pour mettre en lumière nos angles morts, et aussi pour nous encourager ou nous corriger avec amour.

Comme le dit sage : *Le fer aiguise le fer, et l'homme excite la colère de son ami. Proverbes 27.17*

Ces frictions, ces échanges, même lorsqu'ils demandent effort et patience, sont essentiels : ils polissent notre caractère et nous rapprochent de l'image du Christ. Le fer aiguise le fer, dit l'Écriture, et c'est exactement ce qui se produit dans la communion fraternelle. C'est pourquoi la famille spirituelle est vitale. Être membre actif de l'Église, entouré de frères et de sœurs, n'est pas optionnel : c'est un pilier de la vie chrétienne. C'est à ce contact que nous sommes rendus plus solides, plus sages et plus humbles. Et si tu as été blessé ou brisé dans d'anciennes relations, l'Église est le cadre idéal pour démolir les mauvais fondements et en bâtir de nouveaux. Oh oui, il y aura des frictions, comme dans toutes les familles. Mais lorsque le Bâtisseur est au centre, cela change tout. Ce n'est plus la peur, la rancune ou les blessures passées qui gouvernent ; c'est Dieu qui façonne, restaure et fortifie. Nombreux sont ceux qui fuient la communion fraternelle, alors même qu'elle était au cœur de la première Église :

Ils persévéraient dans l'enseignement des apôtres, dans la communion fraternelle, dans la fraction du pain et dans les prières. Actes 2.42

Vivre la foi seul, sans l'Église, c'est passer à côté d'une part essentielle de la croissance : la transformation se fait dans le reflet des autres, dans l'interaction, dans la vie partagée et le soutien mutuel. La famille spirituelle n'est pas seulement un soutien : c'est un lieu où Dieu affine notre vie, corrige nos angles morts et établit de nouvelles fondations solides.

Par l'adoration : Quand on pense à l'adoration, ce sont souvent les chants qui viennent en premier. Une ambiance particulière, peut-être. Un moment à l'église, les mains levées, les yeux fermés. La plupart d'entre nous avons grandi avec cette image : ce moment musical du dimanche matin, ces quelques chansons avant la prédication.

Et c'est vrai, en partie. Ces moments de louange collective sont précieux et réels. Mais l'adoration, c'est tellement plus vaste et plus riche que cela. Il est temps de redécouvrir ce qu'elle signifie vraiment, non pas pour rejeter ce que nous connaissons, mais pour comprendre que ces instants musicaux ne sont que la partie visible d'une réalité beaucoup plus vaste et englobante. Paul nous donne une clé extraordinaire dans 2 *Corinthiens 3.18: lorsque nous contemplons la gloire du Seigneur "à face découverte", nous sommes "transformés en la même image, de gloire en gloire, comme par le Seigneur, l'Esprit".*

Transformés. Pas simplement émus ou inspirés, mais transformés de l'intérieur. L'adoration n'est pas un exercice religieux qu'on coche sur une liste. C'est une rencontre qui nous change en profondeur. L'adoration, c'est comme le sacrifice d'Isaac pour Abraham, déposer aux pieds du Seigneur quelque chose qui nous coûte, qui a de l'importance, qui prend de la place dans notre vie ou dans notre cœur.

L'adoration, c'est un moment de face à face. Imagine un miroir qui révèle ton âme. Dans l'adoration authentique, on se voit tel qu'on est vraiment, avec nos zones d'ombre, nos résistances, nos aspirations enfouies. C'est dans l'adoration, à force de voir Dieu, que Paul a crié « *Misérable que je suis* ». On voit où on en est, et surtout, ce qu'on est appelé à devenir. C'est cette vision double qui transforme : la lucidité sur ce que nous sommes et l'espérance de ce que Dieu veut faire de nous.

C'est exactement ce dont Paul parle quand il mentionne le voile posé sur Israël. Ce voile, c'est un symbole puissant : l'aveuglement, la méconnaissance, mais aussi une barrière qui empêche une rencontre véritable avec Dieu. On peut être religieux et pourtant avoir un voile. On peut chanter des chants, accomplir des exploits, et rester séparé de Dieu par une barrière invisible. La forme est là, mais la transformation est absente.

Cette réalité trouve un écho saisissant dans le texte où Jésus maudit un figuier qui avait des feuilles mais pas de fruit. L'Évangile de Marc rapporte : « *Le lendemain, après qu'ils furent sortis de Béthanie, Jésus eut faim. Apercevant de loin un figuier qui avait des feuilles, il alla voir s'il y trouverait quelque chose ; et, s'en étant approché, il ne trouva que des feuilles, car ce n'était pas la saison des figues. Prenant la parole, il lui dit : Que jamais personne ne mange de ton fruit ! Et ses disciples l'entendirent* » *(Marc 11.12-14).*

Même si ce n'était pas la saison des figues, le feuillage présageait qu'il y aurait des fruits, et pourtant non. C'était l'apparence sans la substance, la promesse sans l'accomplissement. Ce figuier, comme ce voile dont parle Paul, représentait tout ce qui parade en apparence de piété mais qui demeure stérile dans la réalité. Dieu ne veut pas des chrétiens d'apparence, de ces croyants qui affichent un feuillage abondant – une religiosité visible, des paroles spirituelles, une présence aux réunions, un bon comportement – mais qui ne portent aucun fruit réel dans leur vie. La seule distinction possible entre deux figuiers, entre deux chrétiens, ce sont les fruits et la qualité de ces fruits. Car c'est par leurs fruits qu'on les reconnaîtra, et non par l'éclat de leur feuillage.

Paul savait de quoi il parlait quand il évoquait ce voile. Son histoire dans Actes 9 en témoigne : il avait littéralement des écailles sur les yeux après sa rencontre avec Dieu sur le chemin de Damas. Cette rencontre l'avait totalement bouleversé. Et attention à ce détail : trois jours plus tard, après avoir jeûné et prié, ses écailles sont tombées. Trois jours. Qu'a-t-il fait pendant ces trois jours ? Dans ma compréhension de ce passage, ces trois jours n'étaient pas une punition ou un temps d'attente passive. C'était un temps pour rencontrer et connaître celui qui l'avait interpellé sur la route. Comment je le sais ? Le résultat de sa prière : il fut rempli du Saint-Esprit.

Le Secret pour Recevoir le Saint-Esprit

Voilà quelque chose que beaucoup ont manqué : le meilleur moyen de recevoir le Saint-Esprit n'est pas seulement de demander le Saint-Esprit. C'est de Lui donner ta vie. Entièrement. Sans réserve. Sans négociation. Et c'est exactement le sens premier de l'adoration. Un sacrifice personnel de qui nous sommes.

Retournons aux premières mentions de l'adoration dans la Bible. Elles ne parlent pas de chanter, mais de sacrifier. Pensons à Abraham. Quand il dit à ses serviteurs "moi et l'enfant, nous allons adorer" *(Genèse 22.5)*, il ne s'apprête pas à organiser une session de louange. Il s'apprête à déposer sur l'autel ce qu'il a de plus précieux : Isaac, le fils de la promesse, celui qui porte son identité même de *"père d'une multitude"*.

Abraham n'a pas chanté ce jour-là. Il a offert ce qu'il était. Son identité. Son avenir. Son rêve. Et c'est après cela, après avoir tout déposé, qu'il est devenu ce que Dieu attendait réellement de lui. L'adoration véritable coûte quelque chose. Un bon temps d'adoration, ce n'est pas un moment où l'on a bien chanté ou où l'on s'est senti ému. C'est un temps où nous avons déposé quelque chose de précieux, quelque chose qui nous coûte vraiment, aux pieds du Seigneur.

Quand on s'expose vraiment à la présence de Dieu dans l'adoration, il se passe quelque chose de profond. La version Parole Vivante de *2 Corinthiens 3.18* le dit magnifiquement : tu es *transformé* en profondeur. L'adoration créatrice, c'est cela. C'est le moment où le Saint-Esprit obtient l'accès pour entrer en toi et faire son œuvre. Ce n'est plus superficiel. Ce n'est plus du bout des lèvres. C'est une transformation réelle, progressive, "de gloire en gloire".
L'adoration recentre ton cœur quand il dérive. Elle réaligne tes priorités quand tu perds le nord. Elle recalibre tes désirs quand ils s'égarent. Mais elle ne fait tout cela que si tu lui donnes accès – si tu enlèves le voile, si tu laisses tomber les façades, si tu déposes ce qui compte vraiment.

Voilà pourquoi Jésus a dit que *le Père cherche des adorateurs qui l'adorent en esprit et en vérité (Jean 4.23-24).* Pas en fausseté. Pas du bout des lèvres. Pas en gardant des zones de notre vie verrouillées pendant qu'on chante des chants.

Cette saison est venue. C'est maintenant. Dieu cherche des adorateurs qui vont l'adorer en esprit et en vérité. Des gens qui comprennent que l'adoration n'est pas un événement du dimanche mais un style de vie de sacrifice. Des gens qui savent que chaque fois qu'ils s'approchent de Dieu, ils viennent pour être transformés, pas juste pour se sentir bien.

Alors voici une question importante : quelle est la nature de ton adoration ? Tu peux la connaître au fruit qu'elle a donné. Es-tu différent après avoir adoré ? Ton cœur est-il plus aligné avec celui de Dieu ? Tes priorités ont-elles changé ? Ou reviens-tu exactement comme tu es venu, juste avec un peu plus d'émotion et quelques chants en tête ? Si ton adoration ne te transforme pas, il est temps de te poser des questions. Peut-être y a-t-il encore un voile. Peut-être gardes-tu ton Isaac bien serré contre toi. Peut-être chantes-tu sans sacrifier. L'adoration sans sacrifice n'est qu'un bruit agréable, un rituel vide qui ne change rien.

L'adoration véritable coûte. Mais elle donne accès à la présence, à la puissance, à la transformation par le Saint-Esprit lui-même. C'est un échange divin : ce que nous déposons contre ce que Dieu veut faire de nous.

Par l'acceptation des épreuves avec foi : Jacques nous exhorte : « *Mes frères, regardez comme un sujet de joie complète les diverses épreuves auxquelles vous pouvez être exposés, sachant que l'épreuve de votre foi produit la patience. Mais il faut que la patience accomplisse parfaitement son œuvre, afin que vous soyez parfaits et accomplis, sans faillir en rien.* » *Jacques 1.2-4*

Accepter les épreuves ne signifie pas les aimer naturellement, mais reconnaître leur valeur et importance dans le processus de maturation spirituelle.

Par le jeûne et le renoncement volontaire : Le jeûne, pratiqué correctement, est un puissant moyen de soumettre notre chair et d'affiner notre sensibilité spirituelle. Jésus jeûne quarante jours avant de commencer Son ministère, et Il affirme que certaines victoires spirituelles ne viennent que *"par la prière et par le jeûne" (Matthieu 17.21)*. Le renoncement volontaire à des plaisirs légitimes pour chercher Dieu plus intensément crée un espace pour Sa voix.

La Promesse Finale : Un Édifice Glorieux

Quelle est la vision finale qui doit nous motiver à travers ce long processus de construction ? Paul nous la présente de manière magnifique :

En lui vous êtes aussi édifiés pour être une habitation de Dieu en Esprit. Éphésiens 2.22

Le but ultime de tout ce travail est de faire de nous une habitation pour Dieu Lui-même. Le Dieu qui a habité dans le tabernacle de Moïse, puis dans le temple de Salomon, choisit maintenant d'habiter dans le temple vivant de nos cœurs transformés. Pierre développe cette image avec des détails riches :

Approchez-vous de lui, pierre vivante, rejetée par les hommes, mais choisie et précieuse devant Dieu ; et vous-mêmes, comme des pierres vivantes, édifiez-vous pour former une maison spirituelle, un saint sacerdoce, afin d'offrir des victimes spirituelles, agréables à Dieu par Jésus-Christ. 1 Pierre 2.4-5

Nous ne sommes pas des pierres mortes et inertes, mais des « *pierres vivantes* » assemblées en un édifice spirituel. Chaque croyant est une pierre unique, taillée par les circonstances de sa vie, polie par les épreuves, ajustée par la discipline spirituelle, pour s'emboîter parfaitement dans l'architecture globale que Dieu construit.

L'Apocalypse nous offre un aperçu de la beauté finale de cet édifice. Jean voit la nouvelle Jérusalem descendre du ciel, *"préparée comme une épouse qui s'est parée pour son époux" (Apocalypse 21.2)*. Cette ville magnifique, avec ses fondements de pierres précieuses et ses portes de perles, représente l'Église glorieuse, l'assemblée des rachetés transformés. Chaque pierre précieuse dans ses fondations représente une vie qui a été pressée, chauffée, purifiée jusqu'à ce qu'elle reflète la gloire divine. Et la caractéristique la plus remarquable de cette cité ?

Je ne vis point de temple dans la ville ; car le Seigneur Dieu tout-puissant est son temple, ainsi que l'agneau.
Apocalypse 21.22

Dans l'état final, la distinction entre le temple et les adorateurs s'efface. Dieu habite si pleinement en Son peuple et Son peuple habite si complètement en Lui qu'ils ne font qu'un. C'est l'accomplissement ultime de la prière de Jésus : « *Afin que tous soient un, comme toi, Père, tu es en moi, et comme je suis en toi, afin qu'eux aussi soient un en nous.* » *(Jean 17.21)*

L'Invitation à Répandre Notre Cœur

Nous revenons à l'image de Marie de Magdala répandant son parfum – son cœur – aux pieds de Jésus. C'est l'invitation qui nous est adressée aujourd'hui. Une invitation à l'abandon total entre les mains du Maître Constructeur. Dieu nous pose la question que Jérémie entend dans la maison du potier :

Ne pourrai-je pas agir envers vous comme ce potier, maison d'Israël ? dit l'Éternel. Voici, comme l'argile est dans la main du potier, ainsi vous êtes dans ma main. Jérémie 18.6

Accepterons-nous de nous abandonner à Ses mains expertes ? Consentirons-nous à ce qu'Il démolisse les structures mal construites de notre vie pour établir quelque chose de solide et d'éternel ? Lui ferons-nous confiance dans le processus douloureux où Il doit arracher les mauvaises racines avant de planter les bonnes ? Croirons-nous qu'Il puisse faire de nos histoires les plus sombres des témoignages éclatants de Sa grâce rédemptrice ?

Le chantier de notre vie reste ouvert. Dieu n'a pas fini Son œuvre. Mais Il travaille avec la patience infinie de Celui qui voit la fin depuis le commencement. Chaque jour, Il greffe de nouvelles portions de Son cœur dans le nôtre. Chaque saison, Il ajoute de nouvelles pierres à l'édifice qu'Il construit. Chaque année, Christ est un peu plus formé en nous.

L'œuvre continuera *"jusqu'à ce que nous soyons tous parvenus à l'unité de la foi et de la connaissance du Fils de*

Dieu, à l'état d'homme fait, à la mesure de la stature parfaite de Christ" (Éphésiens 4.13).

Que notre prière soit celle de Paul pour les Éphésiens :

C'est pourquoi je fléchis les genoux devant le Père… afin qu'il vous donne, selon la richesse de sa gloire, d'être puissamment fortifiés par son Esprit dans l'homme intérieur, en sorte que Christ habite dans vos cœurs par la foi ; afin qu'étant enracinés et fondés dans l'amour, vous puissiez comprendre avec tous les saints quelle est la largeur, la longueur, la profondeur et la hauteur, et connaître l'amour de Christ, qui surpasse toute connaissance, en sorte que vous soyez remplis jusqu'à toute la plénitude de Dieu. Éphésiens 3.14-19

Le processus est long. Le chemin est parfois ardu. Mais la promesse est certaine : Celui qui a commencé cette bonne œuvre en nous l'achèvera. Et au jour final, quand nous nous tiendrons devant Lui, transformés à Son image, nous comprendrons que chaque larme, chaque épreuve, chaque moment de renoncement valait infiniment la peine.

Car nous aurons été reconstruits, non sur le sable de nos propres efforts ou sur les fondations fragiles de ce monde, mais sur le Roc éternel qu'est Christ. Et cette maison tiendra debout pour l'éternité.

Chapitre 9

L'Empreinte de Dieu

Pour que la terre se transforme comme l'argile qui reçoit une empreinte, Et qu'elle soit parée comme d'un vêtement.
Job 38.14

Le Désir Ultime de tout Bâtisseur

Quand un architecte se met à l'œuvre, il ne pense pas seulement à monter des murs solides, poser des portes fiables ou assurer une bonne isolation. Tout cela est nécessaire, bien sûr, mais ce n'est que le socle. Ce qui l'anime vraiment, c'est autre chose : laisser une trace. Dès les premiers croquis jusqu'au dernier détail du chantier, son obsession est que le bâtiment porte sa marque. Que, dans une ligne, une courbe, une intention, on puisse discerner : ça, c'est Dieu. Son œuvre devient alors plus qu'un édifice ; elle devient une signature reconnaissable, presque vivante.

Mais qu'est-ce donc qu'une empreinte ? Le dictionnaire Larousse nous offre cette définition qui, bien que technique, résonne avec une puissance étonnante : trace naturelle laissée par un contact, par la pression d'un corps sur une surface. Marque durable, profonde, caractère distinctif et unique.

Trace. Marque. Pression. Profondeur. Ces mots prennent une dimension nouvelle lorsqu'on les transpose dans le domaine spirituel, lorsqu'on les applique à la relation entre le Créateur et sa création, entre Dieu et l'homme qu'Il façonne.

Car voici la vérité qui illumine tout le chemin parcouru : Dieu, le Bâtisseur par excellence, l'Architecte suprême de l'univers, désire ardemment apposer son empreinte sur nos vies. Il ne veut pas simplement nous offrir un toit spirituel, une religion confortable, des rituels rassurants. Non, son projet est infiniment plus grand, plus personnel, plus transformateur. Il désire nous marquer si profondément de sa nature, de son caractère, de sa gloire, que tous ceux qui nous rencontrent puissent reconnaître, sans l'ombre d'un doute, sa signature sur nos vies.

Le Témoignage Irréfutable de l'Empreinte Divine

L'histoire de Moïse devant Pharaon illustre magnifiquement cette vérité. Lorsque Moïse se présenta dans le palais égyptien, porteur des paroles du Dieu d'Israël, Pharaon convoqua ses magiciens, ses sorciers, les meilleurs experts en prodiges que l'Égypte pouvait offrir. Et effectivement, ces hommes habiles purent reproduire certains des signes que Dieu accomplissait par la main de Moïse. Leurs bâtons se transformèrent en serpents. Ils changèrent l'eau en sang. Ils firent même surgir des grenouilles.

Puis vint le moment de vérité, celui où tout bascule. Quand Dieu envoya la plaie des poux sur l'Égypte, les magiciens voulurent reproduire le prodige.

Ils se lancèrent dans leurs incantations habituelles, déployèrent leurs rituels éprouvés, appelèrent à leur secours les forces occultes qu'ils maîtrisaient si bien. Mais cette fois, le résultat fut différent : un silence total. Leurs gestes restèrent sans effet, leurs paroles sans pouvoir. Devant cet échec qu'ils ne pouvaient nier, ils furent contraints d'admettre une réalité douloureuse : *"C'est le doigt de Dieu !" (Exode 8.18-19).*

Voilà l'empreinte divine : ce quelque chose d'unique, d'inimitable, d'irréprochable que nul ne peut contrefaire. Une marque si distinctive qu'elle force même les adversaires à reconnaître son origine céleste. Comprenons ceci : Dieu a créé l'homme à son image et à sa ressemblance. Mais depuis la chute d'Adam, un autre bâtisseur est entré sur le chantier de la vie de l'homme. Un faux, un mauvais architecte, qui façonne aussi… à son image. Et cette image a un nom : la mort. Dès lors, l'enjeu devient clair. Il ne s'agit pas seulement de vivre, mais de savoir qui imprime sa marque sur ta vie et sur la mienne. Qui nous façonne réellement. Quel bâtisseur laisse son empreinte sur notre être ?

Le Refus du Partage de Gloire

Je suis l'Eternel, c'est là mon nom ; Et je ne donnerai pas ma gloire à un autre, Ni mon honneur aux idoles. Esaïe 42.8

De même, Dieu veut que le monde entier sache, sans ambiguïté possible, qu'il est le Bâtisseur exclusif de nos vies. Il ne partagera pas sa gloire avec un autre. Il ne permettra pas qu'un homme, qu'un système, qu'une méthode humaine reçoive le crédit pour ce qui est son œuvre.

C'est précisément pour cette raison que nous ne pouvons pas imposer nos propres idées à son plan divin, aussi brillantes ou raisonnables qu'elles puissent nous paraître. Un jour, un homme de Dieu a dit : "Dieu ne te demande pas ton aide mais ton obéissance." Chaque fois que nous tentons d'ajouter nos propres conceptions, nos propres stratégies, nos propres méthodes à ce que Dieu construit, nous risquons d'entacher l'authenticité de son empreinte. Nous diluons la pureté de son œuvre. Nous créons de la confusion quant à l'origine de la transformation.

Combien de fois avons-nous fait certaines choses puis dit "c'est Dieu" ou "c'est la grâce de Dieu" ? Rien du tout. Cela est parfois le résultat de nos propres efforts, humains, charnels et limités, qui peuvent amener des résultats satisfaisants pour l'homme mais hors-sujet pour Dieu. Si Dieu n'est pas l'Alpha et l'Oméga de l'œuvre, c'est qu'Il n'en a pas été le Bâtisseur. Le danger est réel : le monde pourrait alors donner le crédit à un homme plutôt qu'au Créateur, à une technique au lieu de la Parole créatrice, à une méthode plutôt qu'à la Puissance de Dieu. Et c'est là une forme subtile mais terrible d'idolâtrie qui vole à Dieu ce qui Lui revient de droit.

Voilà pourquoi, dans Sa manière de reconstruire nos vies, Dieu prend soin de détruire méthodiquement tout ce qui n'est pas de Lui. Il démonte nos propres constructions, retire nos échafaudages humains, purifie les fondations. Il ne conserve que ce qui peut porter authentiquement Son sceau.

Cette rigueur n'est pas de la cruauté : c'est la sagesse de Dieu. Car Dieu veut s'assurer que non seulement le crédit lui reviendra mais surtout que le monde, en contemplant l'édifice achevé de nos vies, lui donne spontanément gloire. Il désire que notre existence devienne un témoignage si éclatant de sa puissance créatrice que nul ne puisse s'y tromper. Jésus lui-même a exprimé cette vision lorsqu'il a déclaré :

Que votre lumière luise ainsi devant les hommes, afin qu'ils voient vos bonnes œuvres, et qu'ils glorifient votre Père qui est dans les cieux. Matthieu 5.16

Remarquez bien la finalité de tout cela : il ne s'agit pas que les hommes nous admirent, nous. Il ne s'agit pas que notre histoire devienne un spectacle où nous serions les héros. Non, le but ultime, c'est que les gens glorifient le Père. Nos vies, avec leurs épreuves, leurs reconstructions, leurs cicatrices et leurs victoires, deviennent quelque chose de bien plus grand que nous-mêmes. Elles deviennent des panneaux de signalisation pointant vers le ciel. Des témoignages vivants de la gloire de Dieu, de son œuvre, de sa main à l'œuvre dans ce qui semblait perdu, irréparable, condamné.

Chaque reconstruction devient une empreinte divine visible. Quand les gens regardent notre parcours, ce n'est pas notre force qu'ils devraient voir, mais la fidélité de Celui qui reconstruit. Ce n'est pas notre sagesse, mais la sienne. Ce n'est pas notre capacité à tenir debout, mais sa capacité à relever ce qui était tombé, à redresser ce qui était courbé, à vivifier ce qui était mort.

Nos vies portent alors l'empreinte de Dieu. Elles pointent vers lui, elles parlent de lui, elles témoignent de lui. Et c'est exactement là que se trouve la plus haute forme de restauration : non pas simplement retrouver ce qu'on avait perdu, mais devenir un signe vivant de ce que Dieu peut faire avec une vie brisée qu'il décide de reconstruire.

L'Empreinte Authentique

Il y a une autre dimension fascinante et puissante de cette vérité de l'empreinte : lorsqu'un bâtiment porte l'empreinte authentique de Dieu, lorsque nos vies sont véritablement marquées de sa nature et construites selon ses plans, l'ennemi ne peut pas s'y accrocher. Il ne peut pas habiter dans cette demeure consacrée. Il ne peut pas créer de fissures, établir des brèches pour ses démons, ou planter des racines dans un sol qui appartient à un autre. Jésus lui-même a révélé ce principe juste avant sa crucifixion, dans ces paroles mystérieuses et profondes :

Je ne parlerai plus guère avec vous ; car le prince du monde vient. ***Il n'a rien en moi.*** *Jean 14.30*

"Il n'a rien en moi." Quelle déclaration extraordinaire ! Satan, le prince de ce monde, s'approchait pour la confrontation finale, pour tenter de détruire le Fils de Dieu. Mais Jésus savait une chose que l'ennemi ignorait peut-être encore : dans la vie du Christ, il n'y avait absolument rien qui appartenait à Satan, aucun point d'accroche, aucune zone d'ombre, aucune compromission, aucun péché non confessé, aucune rébellion cachée. L'empreinte du Père était totale, complète, absolue dans la vie de Jésus.

C'est cette même immunité spirituelle que Dieu veut établir dans nos vies. Cette empreinte est notre protection. Lorsque son empreinte est authentique et complète, lorsque nous sommes véritablement reconstruits selon ses plans divins, l'ennemi perd ses droits d'accès. Les forteresses de l'adversaire s'effondrent. Les portes par lesquelles les esprits malins entraient se referment et se scellent. La maison est nettoyée, rénovée, consacrée, et le Saint-Esprit en devient le résident permanent.

Le Véritable Enjeu de la Guerre Spirituelle

Nous arrivons maintenant au cœur de la révélation finale, à la question qui devrait tous nous interpeller profondément. L'un des enjeux centraux – peut-être même l'enjeu principal – de la guerre spirituelle n'est pas tant de savoir qui tu loues le dimanche matin, quelle musique tu écoutes, ou dans quelle assemblée tu te rends. La question véritablement cruciale, celle qui détermine l'issue du combat spirituel, est celle-ci : Qui est l'architecte de ta vie ? Qui en est le véritable bâtisseur ? Car en réalité, cette question en cache une autre, plus profonde encore : À qui donnes-tu le cœur, le centre de ta vie ? Autrement dit, qui est-ce que tu adores vraiment ?

As-tu construit ta propre existence selon tes propres plans, tes propres ambitions, tes propres raisonnements ? As-tu laissé d'autres personnes dessiner les contours de ton identité et la direction de ta destinée ? As-tu suivi, même inconsciemment, les plans pervers et destructeurs du malin ? Ou bien as-tu remis les plans de ta vie entre les mains du seul Architecte qui connaît le dessin original – celui que Dieu avait en tête lorsqu'il t'a formé dans le ventre de ta mère ?

Cette question exige une réponse honnête, une introspection courageuse. Car voici la réalité troublante : beaucoup de croyants sincères vivent dans des structures qu'ils ont eux-mêmes érigées, qu'ils ont baptisées du nom de Dieu, mais qui ne portent pas véritablement son empreinte. Ils ont ajouté un peu de prière ici, un verset biblique là, quelques principes chrétiens comme décoration spirituelle. Mais la structure fondamentale, l'architecture de base, le plan directeur – tout cela reste essentiellement humain, profondément personnel, radicalement étranger au dessein divin.

Edifice n°10 : Mon Expérience

J'ai traversé une phase de démolition-construction claire à un moment de ma vie. Mon pasteur m'avait fait des remarques que je ne comprenais pas. À vrai dire, je n'étais pas d'accord, mais je le gardais pour moi. J'étais d'ailleurs même blessé, sans vraiment le réaliser, d'avoir été accusé comme cela. Pour moi, rien dans mes actes ne correspondait à ce qu'on me reprochait. Et puis je me suis rappelé une prière que j'avais faite quelques jours avant mon anniversaire : « *Seigneur, montre-moi tout ce qui pourrait m'empêcher de te glorifier dans ma vie. Libère-moi de moi-même, enlève pour cette nouvelle année ce que tu n'as pas planté, fais-moi vivre ta vie, s'il te plaît !* ». Je me rappelle avoir insisté sur « délivre-moi de moi-même ». Parfois nous faisons des prières sans comprendre l'importance, la pertinence et les effets.

Petit à petit, j'ai compris. Cela a pris plusieurs mois d'investigation, d'introspection profonde. Dieu voulait attirer mon attention sur des choses que je ne voyais pas en moi, mais que mes pasteurs voyaient en moi. Miséricorde. Des choses enfouies, comme des graines sous la terre. Invisibles, mais déjà en train de prendre racine. C'est toujours après coup que l'on réalise. Une graine pousse d'abord sous terre, et le plus difficile ne sera de couper le tronc d'un arbre, mais d'enlever les racines. Certains arbres ont des centaines de racines allant de tous les sens et parfois font des centaines de mètres. Alors quand Dieu met l'accent sur une graine, une semence, nous devons avoir l'humilité, de dire oui, même sans comprendre.

Veiller sur son cœur à chaque nouveau départ

À chaque début de saison, de période ou de cycle dans nos vies, l'ennemi travaille pendant que nous dormons pour semer de l'ivraie au milieu du bon grain. Comme Jésus l'enseigne dans la parabole du blé et de l'ivraie : *« Un ennemi a fait cela » (Matthieu 13.28).* L'homme avait semé de la bonne semence dans son champ, mais « *pendant que les gens dormaient, son ennemi vint, sema de l'ivraie parmi le blé, et s'en alla » (Matthieu 13.25).*

Notre première réaction est souvent de crier : *"J'arrache ! Je refuse au nom de Jésus !"* Mais la bonne attitude commence ailleurs. Elle commence par reconnaître humblement qu'il y a eu, d'une manière ou d'une autre, une période de sommeil spirituel dans notre vie. Un moment où nous n'avons pas veillé comme nous aurions dû. Jésus nous avertit clairement : *« Veillez et priez, afin que vous ne tombiez pas dans la tentation ; l'esprit est bien disposé, mais la chair est faible »* (Matthieu 26.41). Pierre nous exhorte également : *« Soyez sobres, veillez. » (1 Pierre 5.8).*

Alors, au lieu de simplement réagir, demandons à Dieu la grâce de veiller et de prier. Apprenons à être sobres dans notre vie spirituelle.

La deuxième attitude consiste à prendre le temps d'examiner et d'analyser ces mauvaises semences qui ont poussé en nous. Mais attention : sans accuser le diable, la vie, l'environnement, les conditions difficiles ou les circonstances.

C'est à nous de prendre la responsabilité de surveiller notre propre cœur. « *Garde ton cœur plus que toute autre chose, car de lui viennent les sources de la vie* » *(Proverbes 4.23).* Demandons à Dieu de nous faire grâce, de nous donner le discernement nécessaire pour identifier ces mauvaises herbes. Ainsi, au temps marqué, à la moisson, nous pourrons arracher tout ce que le Père n'a pas planté en nous. Comme Jésus l'a dit : « *Toute plante que n'a pas plantée mon Père céleste sera déracinée* » *(Matthieu 15.13).*

Mais pour y parvenir, il faut deux choses essentielles : l'humilité et un cœur vrai. David priait ainsi : « *Sonde-moi, ô Dieu, et connais mon cœur ! Éprouve-moi, et connais mes pensées ! Regarde si je suis sur une mauvaise voie, et conduis-moi sur la voie de l'éternité !* » *(Psaume 139.23-24).* C'est dans cette posture d'humilité et de vérité que Dieu peut nous révéler ce qui doit être arraché, pour que seul le bon grain demeure.

Je bénis Dieu pour les parents spirituels qu'Il m'a donné. Parfois, on ne comprend pas tout ce qu'ils nous disent, et ce n'est pas toujours confortable à entendre. Mais Dieu ne nous appelle pas à murmurer ni à nous plaindre. Il nous appelle à retourner dans le lieu secret, sur le chantier de nos vies. Ce que Dieu attendait de moi, c'était une permission : celle d'arracher de mon cœur tout ce que Lui-même n'avait pas planté, tout ce qu'Il n'avait pas bâti. Là où je voulais protéger certaines structures, Dieu voulait reconstruire de véritables fondations.

L'une d'elles, c'était le désir de toujours rester debout, de garder un bon témoignage coûte que coûte. Au fond, c'était de l'orgueil déguisé en force. Je voulais toujours paraître fort. Sauf que j'ai fini par voir que tout ce que j'essayais de maintenir debout par mes propres moyens s'effondrait. Comme si Dieu laissait l'ennemi poser quelques bombes ici et là pour me montrer ce que ma vie avait vraiment dans le ventre. C'est là que je me suis retrouvé à crier à Dieu, quelques mois plus tard : « *Ne me laisse pas. Ne m'abandonne pas. Même si je perds tout, je ne veux pas te perdre, toi.* »

C'est pourquoi voici, je veux l'attirer et la (le) conduire au désert, et je parlerai à son cœur. Osée 2.14

La destruction a duré aussi longtemps que j'ai résisté à ce que Dieu voulait faire dans mon cœur. Et ce travail, Dieu le poursuit encore aujourd'hui dans mon quotidien. Pourquoi ? Pour que je garde son empreinte à Lui, sa signature, et non celle de mon vieil homme avec toutes ses failles et ses manquements.

Je Veux m'Aligner Sur Ta Volonté

À ce moment de notre parcours, une posture s'impose : celle de l'alignement total. C'est accepter de dire à Dieu, du plus profond de nous-mêmes : « Je veux m'aligner sur ta volonté. » Non pas de manière passive ou résignée, mais avec un engagement radical. C'est reconnaître qu'au-delà de notre compréhension limitée, au-delà de notre douleur, au-delà même de notre désir de voir les choses s'arranger rapidement, il y a un but qui dépasse tout : que le nom de Dieu soit glorifié.

C'est la prière que Jésus lui-même a prononcée à un moment critique de son ministère, lorsqu'il sentait approcher l'heure de sa passion :

Père, glorifie ton nom ! Et une voix vint du ciel en réponse : Je l'ai glorifié, et je le glorifierai encore. Jean 12.28

Voilà le cœur de la question. Accepter le processus, aussi douloureux soit-il, dans un but bien précis : que ton nom soit sanctifié, que ton nom soit glorifié. C'est placer la gloire de Dieu au-dessus de notre confort, de notre compréhension, de nos attentes. C'est dire oui, même dans le désert, même dans l'épreuve, même quand tout semble s'effondrer, parce que nous savons que Dieu, d'une manière ou d'une autre, sera glorifié à travers notre histoire.

"Père, glorifie ton nom." Pas mon nom. Pas ma réputation. Pas mon confort. Pas mes plans. Pas ma vision. Pas ma tranquillité. Ton nom, Père. Ta gloire. Ta renommée. Ton empreinte sur ma vie, visible et indélébile. C'est cette même prière que nous devons faire nôtre si nous voulons véritablement que Dieu achève son œuvre de reconstruction dans nos vies. Une prière de totale abandon qui dit :

Que par ma vie, tu puisses recevoir la gloire qui t'est due !
Que par mon cœur, on reconnaisse ton cœur !

Que par ce caractère que tu as patiemment démoli et soigneusement reconstruit, pierre après pierre, on puisse dire : "Ce n'est plus moi qui vis, mais c'est Christ qui vit en moi." Que l'on reconnaisse ton empreinte : Christ.

Voilà la prière qui lance tout. On ne demande pas à Dieu de bénir nos projets ; on lui demande de faire de nous son projet. On ne lui demande pas d'ajouter sa touche à notre œuvre ; on lui demande de faire de nous son œuvre. Au terme de ce voyage à travers la déconstruction et la reconstruction divine, on comprend enfin que tout ce processus, parfois si douloureux, n'avait qu'un seul but : permettre à Dieu d'apposer son empreinte sur nos vies. Une empreinte indélébile, impossible à effacer.

Comme un artiste qui signe son chef-d'œuvre, comme un sculpteur qui grave son nom dans le marbre, Dieu veut que sa signature soit visible sur l'œuvre d'art qu'est ta vie. Mais sa signature à lui, ce n'est pas juste un détail ajouté à la fin. C'est quelque chose qui doit imprégner chaque fibre de ton être, chaque dimension de ton existence, chaque facette de ta personnalité.

Quand Dieu termine son œuvre de reconstruction c'est une métamorphose complète. Une transfiguration profonde. Une nouvelle création où "les choses anciennes sont passées ; voici, toutes choses sont devenues nouvelles."

L'empreinte divine, c'est quoi concrètement ? C'est l'image et la ressemblance de Christ formées en nous. C'est le caractère de Jésus qui transparaît dans nos réactions, l'amour du Père qui se manifeste dans nos relations, la sagesse de l'Esprit qui guide nos décisions. C'est la sainteté de Dieu qui marque notre conduite et la compassion du Sauveur qui colore nos interactions avec les autres.

L'Héritage d'une Empreinte visible

Et voici la beauté ultime de cette vérité : quand Dieu manifeste son œuvre en nous, quand son empreinte est clairement visible sur nos vies, nous devenons à notre tour des bâtisseurs pour d'autres. Notre existence transformée inspire. Notre témoignage authentique encourage. Notre victoire durement acquise donne de l'espoir à ceux qui traversent encore le désert.

Des générations futures regarderont l'édifice de ta vie et y reconnaîtront l'empreinte du Dieu vivant. Ils verront comment Dieu t'a pris dans ton état brisé, comment il a démoli tes fausses fondations, comment il t'a reconstruit selon son plan original. Et ils se diront : "Si Dieu a pu faire cela pour cette personne, alors il peut aussi le faire pour moi." L'empreinte divine sur ta vie devient ainsi un témoignage éternel de ce que Dieu peut accomplir quand on lui donne accès total, quand on accepte son processus de déconstruction et de reconstruction.

Alors aujourd'hui, au terme de ce parcours "Démolir pour Reconstruire", la question t'est posée personnellement : vas-tu permettre à Dieu d'apposer Son empreinte sur ta vie ? Vas-tu Le laisser être le seul Architecte, le seul Bâtisseur ? Vas-tu Lui faire assez confiance pour qu'Il démolisse ce qui doit l'être et qu'Il reconstruise selon Son plan divin ?

Ou bien vas-tu continuer à bricoler toi-même, jusqu'à obtenir une structure qui ne porte vraiment l'empreinte de personne ? Le choix t'appartient. Mais souviens-toi : seule l'empreinte authentique de Dieu résistera à l'épreuve du temps et des tempêtes. Seule Son œuvre véritable demeurera quand tout le reste sera éprouvé par le feu.

Que par ta vie, Dieu reçoive la gloire. Que ton cœur révèle Son cœur. Que ton caractère témoigne de Sa nature. Car finalement, c'est là le plan ultime de Dieu : non pas simplement t'améliorer, mais te transformer si complètement que tu deviennes une démonstration vivante de Sa puissance créatrice, un chef-d'œuvre portant la signature du Maître.

Et quand ce jour arrivera, et il arrivera si tu persévères dans la soumission à Son œuvre, tu comprendras que chaque moment de déconstruction valait la peine. Que chaque douleur avait un sens profond. Que tout cela était nécessaire pour que Dieu puisse enfin apposer Son empreinte éternelle sur ta vie.

Comme l'a dit Paul : *"Je ne pense pas avoir saisi" (Philippiens 3.13)* tout de ce processus. Mais la révélation de ce chemin m'a donné envie d'y entrer pleinement et de faire confiance à Dieu, de me laisser conduire par Ses mains expertes, même quand je ne comprends pas tout le plan. Parce qu'au fond, c'est cela la foi : avancer avec l'Architecte divin, sachant qu'Il voit ce que nous ne voyons pas encore.

Le chantier continue : Dieu n'a pas fini Son œuvre en toi.

KAROWZ

www.ingramcontent.com/pod-product-compliance
Lightning Source LLC
La Vergne TN
LVHW010927110826
845149LV00013B/2512